图书馆阅读推广理论与实践

盛 宴 著

北方联合出版传媒(集团)股份有限公司

万卷出版有限责任公司

图书在版编目（ＣＩＰ）数据

图书馆阅读推广理论与实践 / 盛宴著. – 沈阳 ：
万卷出版有限责任公司， 2023.3

ISBN 978-7-5470-6235-7

Ⅰ. ①图… Ⅱ. ①盛… Ⅲ. ①公共图书馆－读书活动
－研究 Ⅳ. ①G252.17

中国国家版本图书馆 CIP 数据核字（2023）第 048017 号

出版发行：北方联合出版传媒（集团）股份有限公司
　　　　　万卷出版有限责任公司
　　　　　（地址：沈阳市和平区十一纬路29号　邮编：110003）
印　刷　者：济南文达印务有限公司
经　销　者：全国新华书店
幅面尺寸：170mm×240mm
字　　数：168千字
印　　张：10.5
出版时间：2024 年 5 月第 1 版
印刷时间：2024 年 5 月第 1 次印刷
责任编辑：朱婷婷
责任校对：高　辉
装帧设计：李元红
ISBN 978-7-5470-6235-7
定　　价：58.00元
联系电话：024-23284090
传　　真：024-23284448

目　录

第一章　阅读推广概述...1

第一节　阅读推广的概念与起源...1

第二节　阅读推广的基础理论及其特征...7

第三节　阅读推广的理论学派..16

第四节　阅读推广的模式...23

第二章　全民阅读与图书馆阅读推广...31

第一节　全民阅读的起源...31

第二节　图书馆的历史使命..34

第三节　图书馆在阅读推广中的作用...37

第四节　全民阅读与宣传阅读..38

第三章　我国图书馆阅读推广历史、现状和发展.........................42

第一节　国内图书馆阅读推广发展历程.......................................42

第二节　国内图书馆阅读推广的现状...44

第三节　国内图书馆阅读推广的展望...54

第四章　图书馆阅读推广概况..61

第一节　图书馆科普阅读推广实践...61

第二节　图书馆数字阅读推广实践...92

第三节　图书馆经典阅读推广实践...105

第五章　儿童及青少年阅读推广现状...114

第一节　儿童及青少年阅读推广模式概况..................................114

第二节　儿童及青少年多媒体阅读推广实践................................118

第三节　儿童及青少年阅读推广的未来发展................................127

第六章　残障群体的阅读推广..132

第一节　残障群体阅读推广..132

第二节　阅读障碍及其群体的阅读推广......................................137

第三节　残障群体阅读推广的未来发展 ………………………………… 141

第七章　阅读推广的民间力量 ……………………………………… **146**

第一节　民间图书馆概况 ………………………………………………146

第二节　民间阅读组织的特点 …………………………………………153

第三节　民间阅读力量的未来发展 …………………………………… 158

参考文献 ……………………………………………………………………**162**

第一章 阅读推广概述

第一节 阅读推广的概念与起源

纵观我国图书馆的发展，图书馆服务业务的最大变化在于阅读推广成为图书馆服务的主流工作。因此，图书馆人应顺应时代发展要求，不断推进阅读推广的发展，使阅读推广从自发的、零星的、补充的服务向图书馆服务的主流模式转变。阅读推广已成为图书馆的一个重要研究领域，一个最根本的原因是人们越来越多地关注到了阅读的重要性。20 世纪 90 年代以来，我国政治、经济、社会发展对国民素质提出了更高的要求。不管是在民主政治、社会稳定，还是经济发展、国家竞争力等方面，民众的自主学习能力都是非常重要的影响因素。在这种形势下，各国相继举办了大规模的阅读推广活动。1995 年，联合国教科文组织把每年的 4 月 23 日定为"世界图书与版权日"（又称"世界读书日"）。1997 年又发起"全民阅读"（Reading for All）活动。另外，联合国教科文组织还实施了诸如"素养十年"之类的中长期规划，以促进各类教育机构培养公民终身学习的能力。各国政府也积极推进公民阅读活动，并不断出台相关的法律、法规。在推进全民阅读潮流中，图书馆始终走在活动的前列。1994 年国际图联发布的《公共图书馆宣言》，将"从小培养和加强儿童的阅读习惯"作为图书馆的第一要务。

2003 年，英国文化、传媒及体育部（DCMS）在年度策划文件《未来的框架》中指出，公共图书馆应积极承担其社会职责，提升对阅读推广工作的重视。该文件还指出，英国的公共图书馆必须持续推广公民阅读活动，并力求在此基础上制定一个十年发展规划。这份文件首次把公民阅读提升到了一个重要位置，同时也着重指出公共图书馆在推广公民阅读中的重要地位。该文件指出现代图书馆的核心使命有三条，其中首要的就是"阅读推广和促进非正式学习"。

2005 年，国际图联召开信息能力和终身教育高级讨论会，发表了《信息社会灯塔：关于信息素质和终身学习的亚历山大宣言》。强调"信息素养和终身学习是信息社会的灯塔，照亮了信息社会发展、繁荣和走向自由的进程"。

中国图书馆学会于 2003 年把全民阅读推广活动纳入议程，成为中国图书馆学会积极推进阅读活动的开端。2006 年中共中央宣传部等 11 个部委联合倡议发起全民阅读活动，2014 年起，全民阅读已连续 10 年写入《政府工作报告》。中国图书馆学会在 10 多年的时间里也一直致力于推广大众阅读：从举办"4 月 23 日"全国读书日到全国读书年度最佳单位和先进单位的评选；从成立学会的阅读推广理事会，到将"图书馆努力促进全民阅读"写入《图书馆服务宣言》。在十余年的努力下，阅读推广逐渐由自发的、零星的、补充的形式发展成为一种有意识的活动。目前，我国的阅读推广活动已从沿海发达地区向欠发达地区扩展，从公共图书馆（包括儿童图书馆）向高校以及中小学图书馆扩展。中国图书馆学会 2013 年度会议以"书香中国——阅读引领未来"作为大会的主旨，表明阅读推广已成为中国图书馆人的自觉。

一、什么是阅读推广

"阅读推广"一词来源于 reading promotion 这个英文术语，"promotion"除了可被译作"推广"，还具有"促进""提升"的意义，所以"reading promotion"又被称作"阅读推广"。reading promotion 这个术语经常出现在联合国教科文组织、美国国会图书馆、美国国立美术基金的"大阅读"计划，以及一些提倡普及阅读的组织和机构的网站和工作汇报中。然而，在英语领域，无论是机构网站、工作报告、期刊论文或维基百科，reading promotion 都没有被赋予学术性的意义，reading promotion 的含义是清晰的，无须专门予以解释。

在世界范围内提出阅读推广的倡议后，我国快速做出了响应，并将 reading promotion 的含义明确为"阅读推广"。自 1997 年以来，"阅读推广"开始在国内图书馆、出版界广泛使用。"阅读推广"，顾名思义，就是所有引导阅读、激励阅读的行为。到目前为止，张怀涛是国内最郑重、最周全给"阅读推广"一词下定义的，他根据十多个专家的意见，对"阅读推广"的定义是："阅读推广，顾名思义就是推广阅读；简言之就是社会组织或个人为促进人们阅读而开展的相关活动，也就是将有益于个人和社会的阅读活动推而广之。"

所谓推广阅读，是指图书馆和其他有关部门，为了培养人们的读书习惯，提高他们的阅读兴趣而进行的推动大众阅读的活动。王波提出，"阅读推广"的概念，若用以下的话来形容会更加简练：阅读推广旨在推动大众阅读，提高人们的文化素养，增强国家的软性力量，推动国家的繁荣和振兴。在此使用"人人阅读"，而非"全民阅读"，"全民"是"全体人民"的意思，是一种无法涵盖每个人的政治观念。与之相对的，"人人阅读"这个词的初衷，似乎更接近于 Reading For All 这个概念。该概念突出了宣传阅读的目的，说明了它出现的国际背景是回应"人人阅读"，而国内背景，则是为了提高本国和国民的竞争能力。最后，这个概念中的五项有关读书的定义并非随机列出，而是按顺序排列。

培养阅读热情，是激发阅读的必要条件，只有养成了对阅读的浓厚兴趣，人们才会产生终身阅读的欲望。阅读习惯，就是要解决阅读的惯性和持久性问题，一个人要养成阅读的习惯，就必须将阅读当成自己的生命，阅读就像是空气一样，须臾不可分离。提高阅读质量，解决的是阅读的内容和品位问题。人的生命是有限的，而知识是无限的，要用有限的生命去阅读无尽的知识，就只有选择最好的书去阅读。所以，要想看好的书籍，就得有人来引导。任何出版和推荐好书，都要以提升读者的阅读质量为目的。阅读能力的提高主要是通过学习阅读的方式和技巧来实现。不管是一目十行、对角线阅读、蚕食桑叶阅读、不求甚解的阅读，都有各自的优势。提高读者阅读效果，主要是为了提高读者的阅读效率，即读者对阅读内容的理解与认知。阅读的终极目的在于理解阅读内容。无论是否为功利性或为消遣，阅读都不能成为被排斥或嘲笑的对象，而阅读推广目的就是要帮助不同的读者达到自己的目标。阅读兴趣、阅读习惯、阅读质量、阅读能力与阅读效果这五个概念在整个阅读推广活动中，都是最具普遍性的，它规约了其内涵与外延，所有的阅读推广活动都围绕着上述五个概念展开。

二、图书馆阅读推广的含义

在阅读推广的浪潮中，由于图书馆体系成熟，分布广泛，资源丰富，专业性强，使其自然地成为一股重要的推广力量。但是，因为图书馆阅读推广与宣传、新闻、出版、广播电视业的工作不同，因此图书馆界阅读推广使用的术语就是"图书馆阅读推广"。

那么什么是图书馆阅读推广？就像大家对"阅读推广"一词的感受一样，一般的图书馆工作者都能把它理解得很清楚，不需要特别的说明，所以才会在学术刊物和专业词典里没有关于图书馆阅读推广的专门定义，没有一个学者对这个词语做专门的解释。然而，范并思等少数学者却指出，忽略了对诸如"阅读推广""图书馆阅读推广"等常见词语的专业性定义，恰恰说明了图书馆馆员在学术上的欠缺。概念是理论的根基，若不深入探究图书馆阅读推广确切的含义与外延，阅读推广活动可能会在很长一段时间内陷入盲目、混乱的状态，很难走上有序、长效、可持续发展的科学轨道。然而，由于图书馆的阅读推广与图书馆开展了许多诸如宣传、营销和图书目录推介等相关的工作交叉在一起，要想给"图书馆图书推广"下一个没有任何争论的定义，这是一个很难的问题。因此，范并思虽然提议要为"图书馆阅读推广"下一个确切的定义，却始终未曾有明确的诠释。

但是，也有学者对"图书馆阅读推广"这一概念进行了探索。例如，于良芝等人就指出：根据图书馆从事阅读推广经验，图书馆阅读推广主要是指以养成一般的阅读习惯或特定阅读兴趣而进行的阅读推广活动。这种"养成阅读习惯或特定阅读兴趣"的目的，决定了图书馆阅读推广试图影响的是与工作和学习无关的阅读行为。这是由于，与工作或学业有关的阅读，其目的在于处理工作或学业上的问题，而这种工作本身就是由任务所推动的，它必然不被阅读推广所影响。于良芝等人对图书馆阅读推广的定义虽然颇具启发性，但并未获得人们的普遍认可，特别是在该概念后面的一种解释：阅读推广会对学生的休闲阅读行为产生一定的影响，即与工作或学习无关的阅读活动。高校图书馆服务于学校的科学研究、人才培养、社会服务和文化传承，也服务于师生的教学、科研和文化的传承与创新，而师生的业余阅读只是副业。若因此而界定"图书馆的阅读推广",则与大学图书馆的办馆目的相违背,与其建设宗旨相违背。同时,大型公共图书馆担负着为地方教育、科研、大众创业、大众创新服务等重要使命,只对读者的休闲阅读产生影响与公共图书馆的定位不符。

此外,从已开展的大学图书馆的阅读推广活动案例来看,以上的界定还远远不够。例如,2014 年 11 月 13—12 月 31 日,北大图书馆主办的《化蛹成蝶——馆藏北大优博论文成书展》,是从教育部 1999—2013 年评选的每年全国 100 篇优秀博士论文(简称"优博论文")中选出 18 篇来自北大的优秀博士学位论文,附以作者信息、内容简介,以及从书的序言和豆瓣上摘录的同行专家和读者的精彩点评向同学们推荐。这次活动在三个方面发挥了良好的效果:第一,它在让北京大学社会科学部了解到了本校获得全国优秀博士论文总数和学科分布情况的同时,也了解到了那些已发表的优秀博士论文及其学科分布,因此,这次展览得到了社科院和社科部的大力支持。第二,活动时间选定在下半年,正是硕士和博士毕业论文开题的时候,优秀的博士学位论文展览,也会给他们带来很大的启发。第三,优秀的博士论文能够被正式发表,是因为它选题正确,论证严谨,结论重要,格式完整,规范且远超同龄人,可以为以后的毕业生提供参考和借鉴。优秀博士论文的推荐,为研究生们的学术论文做了表率和标尺。由于此次展览与本科生的学习生活相距甚远,加之优秀的博士论文往往是在填补空缺或偏僻的领域,风格更为"曲高和寡",因此,在大学生中并没有得到太多的关注,与之前以新书和休闲内容为主的宣传方式相比,差别较大。而北大图书馆则认为,作为一所大学的图书馆,应在满足不同学生需要的同时,实现各种功能,要把畅销新书、休闲书籍的阅读推广与学术书籍、教学书籍的阅读推广结合起来,或者交替进行。阅读推广不仅要考虑到读者的参与数量、社会反应,更要考虑到与高校图书馆的使命、目标是否一致。

为此,北京大学图书馆在举办优博学术期刊展览的同时,也积极开展了各种教学与研究的活动,比如请辛德勇教授来做读书演讲,引导学生探索雕刻艺术的由来;组织新文化百年纪念照片和有关材料的实物展览;每月在学校内挑选一名著名学者开展专著研读活动;等等。

由此可见，于良芝教授将图书馆的阅读推广仅仅局限于大众的休闲阅读，与现实确实存在着一定的偏差。那么，如何定义"图书馆的阅读推广"呢？于良芝等学者撰写的《图书馆阅读推广——循证图书馆学的典型领域》中提出的论点值得关注："任何一种可以将读者的注意力从海量的馆藏转移到小范围的具有一定魅力的图书的推广方式，都可以增加图书的阅读量。"由此，我们可以对"图书馆的阅读推广"进行反向推导，得出阅读推广的定义：图书馆阅读推广，就是图书馆通过各种精心设计的活动，把读者的目光从海量的馆藏书籍转向小部分有价值的书籍，以提高图书馆的图书流通率。

首先，该概念明确了"创意"和"策划"是图书馆阅读推广活动的核心内容。这些年来，参与过图书馆阅读推广活动的人都有这样的感觉，图书馆阅读推广与新书推荐最大的不同，就在于工作方式不同，他们感觉负责阅读推广的部门，其职责就跟公司的广告部、创意部门一样，做好了创意，就等于成功了一半。创新是阅读活动开展的前提。所以，高校图书馆十分重视阅读推广活动，教育部高等学校图书情报工作指导委员会已连续两年组织高校图书馆开展阅读推广创意大赛；在苏州举办的 2015 全国出版界、图书馆界的全民阅读年会也把阅读推广案例大赛列为重点。

其次，这种定义表明，图书馆阅读推广，其实质在于"聚焦"，即把受众的视线从海量的馆藏转移到一个较小范围的有价值的馆藏上，凡是针对某一特定的馆藏进行推介的，都被称为图书馆的阅读推广。具体推广哪些有价值的文献资料，可以参考大学的文献资料，根据学校的教学研究与学科建设情况进行，还可以按照图书馆工作人员的猜测和推理，推荐新书、推荐好书、推荐优秀博士论文，这些都是吸引人眼球的一种方式。而究竟什么才是真正具有"吸引力"的图书，则取决于图书馆人员在选择藏品时的独到视角和精心的策划文字。国外一些图书馆，也有把图书封面颜色作为推荐主题，将图书封面按红色、黄色、绿色等不同颜色排列，摆在醒目的地方，让读者感兴趣。深圳职业技术学院图书馆则另辟蹊径，选择从未有人借过的图书，并以"无人借阅过的图书"为题举办了一次图书推介，以此激起人们阅读的兴趣。清华大学图书馆按照重大历史事件选取有关文献进行推广，并在醒目的地方设立"专题书架"，极大地方便了学生对历史的认识，深受广大师生的好评。

这类的推广都是基于"舍小取大"的原则，因此都属于阅读推广的范畴。

最后，图书馆的阅读推广与其他行业阅读推广最大的不同在于，它的直接目的是提高馆藏流通率，这一目的实现后，才能间接地培养读者的阅读兴趣和习惯，从而达到阅读的目的。报刊、电视、网络可以推广全国任何一家出版社所发行的图书，但图书馆却不行，它一定是要把自己的馆藏推介给读者，不然，图书馆所推介的图书自己都没有，那它推介有什么用呢？了解了上述几点，我们就可以很轻易地辨别出是不是图书推广活动。例如，新书推介，是将读者注意力集中在一小部分具有魅力的馆藏上，若其表现形式新颖，即为图书馆的阅读推广；如果仅仅是对图书馆的历史、建筑、馆藏的全面宣传，而不是对某些特定馆藏进行推广，就不能称之为图书馆的阅读推广。如果图书馆举办一次展览，其目的在于让读者利用该展览所涉及的馆藏，则可视为一次图书馆的读书推广；如果展出的展品与馆内藏品没有任何关系，则不能称之为图书馆的阅读推广。图书馆进行信息素养教育，其目标在于使广大读者能够在馆藏中找到所需要的资料，它的目的在于提升读者的搜索功能，而非阅读的能力，这也算不上阅读推广。

第二节 阅读推广的基础理论及其特征

一、阅读推广的性质：阅读推广是图书馆服务的重要组成部分

（一）阅读推广是图书馆的重要服务

要深入研究图书馆的阅读推广，就必须将其视为一种图书馆服务。图书馆阅读推广不管是编写引文目录、共读课外读物，还是举办夏令营、亲子活动等，它和借阅一样，都是为读者提供图书阅读的一种服务。尽管阅读推广必然介入读者阅读的过程，但让大家爱上和学会阅读才是推广的主要任务，而不是对读者价值观念以及品德行为进行引导。

在我国，绝大多数人都认为，图书馆承担着改造社会的责任，而这种认知在一定程度上直接影响了图书馆的推广任务。人们认为，图书馆应该更多

地履行其对人与社会的教育职能，要对读者的身心进行全方位的影响与塑造。中国图书馆界具有这样的教育理念是有其自身的历史渊源的。杜威图书馆学认为图书馆具有教育作用，并将这种职能作为图书馆的天职。

通过对不同年份《公共图书馆宣言》的变化对比，不难发现，世界范围内人们对图书馆教育职能的认识正在不断转变。1949 年出版的《公共图书馆宣言》认为公共图书馆可以直接参与对国民的教育。1994 年《公共图书馆宣言》修订版中，依然把公共图书馆作为一种有效的教育手段，但是它的精神实质却并没有把它看成一个"机构"或者"大学"，它只是一个为人们提供公平服务的"通往知识之门"。

对图书馆服务和教学职能的理解滞后，一定程度上会对阅读推广理论的发展产生不利影响。这种对图书馆阅读推广概念的误读产生两方面的影响：一是把"阅读指导"（reading instruction）等同于"阅读推广"（reading promotion）。图书馆阅读指导对于学校的日常教学往往有一种辅助性的作用，图书馆馆员对学生的辅助性学习，往往会被误认为是图书馆的一种阅读推广行为。二是把交流的经历当成一种阅读推广。很多图书馆在做阅读推广时，都会考虑邀请一些著名人士，尤其是一些著名的文化人士，来交流自己的读书心得。明星的吸引力确实可以促进读者的阅读，但是，明星演讲的受众群体却不是主要受众群体，很多图书馆在这方面投入了很多的人力物力，而忽视了其他方面的服务，这就说明他们没有意识到这是一种服务。

（二）阅读推广是一种介入式服务

图书馆因其为人们提供大量信息时不偏不倚的中立立场而被人们所赞美，甚至还将其抬高到了维护社会民主制度的高度上来。文献借阅是最能反映其服务价值中立的一种方式。图书馆把百科全书般的知识按照类别井然有序地排列起来，把所有的目录和资料都公开给了读者。图书馆工作人员只负责提供资料、提供咨询，而不参与知识的选择和引导，对知识和资讯的自由选择由读者自己决定。在图书馆参考咨询的过程中，图书馆管理员可以参考自己了解和掌握的知识和信息来回答问题，但大多数问题的解答依然依靠现有的资料。

虽然图书馆的价值中立必然会遭到意识形态或政治文化等方面的冲击，但对这一原则国际上已达成一致。国际图协 2012 版《图书馆员及其他信息工作者的伦理准则》中有"中立、个人操守和职业技能"条款，规定馆员和其他信息提供者应该在馆藏发展、获取信息中保持中立和无偏见的立场。只有保持中立，图书馆才能建立起最均衡的馆藏，让读者获得更多的资讯。他们不应该为了自己的私心和信念而影响他们的职业中立性。

从服务形式上来看，图书馆的阅读推广工作对读者的阅读活动介入更深。在开展阅读推广工作时，图书馆既要兼顾文献的选择和阐释，又要通过各种途径引导读者去阅读本次活动推荐的相关书目。比如，拥有丰厚奖品的知识竞赛中，图书管理员会清楚地告知人们，题目的回答来自一些特定的读物，这就等于给了他们一个清晰的指示。参与式的阅读推广并不必然违反中立的准则。一些图书馆根据读者的阅览记录，为他们编写了一份新书的建议目录。这是一种比较中立的宣传方式。

在通常情况下，图书馆都是按照自己的主观判断，选择适合本图书馆的书籍进行宣传。因此，读者们对图书馆推广的中性立场提出质疑。在进行图书馆的图书推广工作时，图书管理人员会产生一种自相矛盾的心理。一方面，图书管理员应当坚持"服务中立"的价值观和"不干预"的原则；另一方面，无法确保中立性的介入式图书推广活动在图书馆得以充分开展。要解决这些问题，就必须从"特殊人群"的角度来考虑。图书馆的推广工作主要是为特定群体开展的，这些人往往无法像普通人一样正确、充分地利用图书馆资源，如果图书馆缺乏对特殊人群阅读的深入参与，这些群体就不会像正常读者那样享受到图书馆的服务，而被彻底排除在图书馆的服务范围之外。

20 世纪 90 年代末，这种由"平等服务"与"价值中立"两种学说指导下的无干预服务被众多学者批评，他们认为，公共图书馆应当是一个积极的、有干预精神的、肩负着平等、教育和社会公正的核心使命。图书馆只有积极介入到特殊人群的阅读服务，那些被排挤在正常阅读服务外的人，才有可能重新回归到社会主流之中，只有这样，我们的图书馆才能够真正地做到公平与公正。从表面上来看，这种"介入式的阅读推广活动也许有悖于其职业规范，但事实上，这恰恰是一种对普遍均等服务的补充，是公共图书馆"要变得更积极、更具干预性"必须迈出的一大步。综上所述，阅读推广的参与式服务，在某种意义上也要遵守其价值中立的原则，为达到这一目的，图书馆界应加强阅读推广理论和实践上的研究。

（三）阅读推广是活动化的服务

图书馆的阅读推广是一种与传统服务区别较大的服务，这种差异主要表现在服务的活动性和碎片化，这些特性也是如今图书馆经营与服务的新课题。服务的活动性是现代图书馆工作的新特征，也是图书馆发展的新趋势。通过开展活动的方式来为读者提供图书馆服务，不仅限于在指定的时间、地点开展丰富多样的讲座、读书会等活动，在儿童和特殊人群的阅读推广中也多有体现。用活动的形式代替传统的借阅，即利用原有的借阅场所来完成活动服务。长期以来，图书馆一直是一个安静的地方。图书馆的主要工作就是借阅服务。在进行借阅活动的过程中，图书馆应当保持一种安静、舒适、无人打扰的阅读气氛。虽然现代图书馆所提供的信息咨询服务会产生一些对话，但因其对话规模较小，所以并不会打扰到别人。直到阅读推广活动的出现，传统的图书馆服务方式发生了较为巨大的变化。读书沙龙、故事大会、知识竞赛等形形色色的活动使得图书馆内充满了欢笑声、说话声甚至是歌声，扰乱了原本的安静。美国新泽西国家图书馆推出了十项最具创造性的计划，其中有充当童话人物、早餐、烹饪、寻宝、模拟面试、街舞等。更具颠覆意义的例子是美国的内特基金会把音乐、歌唱和歌舞带入了图书馆，在阅览室进行歌舞演出，该活动还会把路过的行人引入该图书馆。由于图书馆服务的活动化，一些人已经心生不满，因为他们习惯于图书馆高雅、舒适、宁静的阅读环境。如何转变这种认识，以适应服务活动化的需要，是当前图书馆理论所面对的一个新的问题。

服务活动化不仅频繁地被 IFLA （International Federation of Library Associations and Institutions，国际图书馆协会和机构联合会）的各种公告和指南所提及，而且作为一个新的公共图书馆的服务标准，表明了图书馆发展的潮流。吴建中是我国最早将"阅读推广"作为一项新的图书馆服务标准作为研究对象的学者，他在 2012 中国图书馆年会主题演讲时，向大家做了一次关于大都市图书馆服务的调查，有四项新的指标将对图书馆的发展产生重要影响，阅读推广就是其中之一。在 2013 年国家文化部举办的《第五届全国公共图书馆评价标准》中加入了"阅读推广"这一评价标准。图书馆服务活动化直接导致服务的碎片化。传统的图书馆是以一种综合性的方式提供服务的，提供的是以知识系统为基础的图书阅读服务，图书馆总体的布置和藏书的摆放都保持多年不变。在这样一个综合性服务的氛围中，只需要极少的知识更新，图书管理员就可以在很长一段时间内胜任这份工作，甚至，图书馆的馆长以及部门管理者完全可以凭借着对图书馆布局和设计的掌控来完成图书馆的管理工作，但阅读推广活动不行。例如，在某儿童图书阅览室中，尽管图书的分布并没有太大的改变，但在不同的时间，阅览室所举办的阅读推广活动也是不同的。这种服务的活动性势必造成图书馆服务的碎片化，使其管理新问题也随之产生。通常情况下，图书馆无法独立完成碎片化的服务，只能将服务主题扩大到整个社会，通过志愿者服务来解决服务碎片化问题；同时，图书馆工作人员的职能也从直接提供服务向组织服务转变。

二、阅读推广的目标人群分类

图书馆尤其是公共图书馆，是为大众提供阅读服务的。为大众提供的图书馆服务不会拒绝每个人的加入，但是也不是说每个人都能享受到它的服务。即在进行特殊服务时，应根据不同群体的不同需求来进行不同的服务。而在开展图书馆阅读推广活动时，必须针对阅读人群进行深入的研究。图书馆的阅读推广活动种类繁多，所涵盖的范围非常广泛，除少数人拥有较高的专门知识，以获得专门的资料为主外，大部分的读者都可以作为他们推广的对象。然而，从读者群体的角度来看，普通人群与特定人群对阅读推广服务存在着不同的需求。

（一）普通民众

图书推荐、图书竞赛等与传统的阅读服务相关的活动，都是以普通民众为对象的一种阅读推广。这里的普通民众，是指具有一定阅读意愿、能力，理解并认同图书馆社会价值，能够在没有管理员的协助下正常地使用图书馆的各类资源和服务，利用图书馆借阅功能获取相关文献资料的人。然而，由于受知识、视野和素养等因素的制约，普通人群难以更好地利用图书馆。该服务的目的在于提高他们的阅读效率，提高其阅读质量。例如，他们可以通过新书推荐发现自己喜欢的图书。因此，在满足这一类型的读者的同时，要充分考虑到读者对宁静、隐私阅读环境的需求，为读者提供无干扰的阅读与宣传方案。比如华东师范大学图书馆和厦门大学图书馆利用现有的借阅记录，为毕业生制作了一款可以回顾大学期间借阅经历的产品，以此来更好地调动学生阅读兴趣。

（二）特定人群

目前，世界图协特定人群服务协会将特定人群界定为"不能获得普通图书馆资源的人群"。特定人群包括以下人员：住院人员、监狱服刑人员、流浪人员、老年人、护理机构人员、失聪人员等。《公共图书馆宣言》指出，公共图书馆需要为特定人群提供专门的服务。目前，图书馆提供专门服务的人群包括：①没有意愿利用图书馆的资源与服务来进行运动活动的人群；②由于教育水平低、缺乏利用知识的能力，或者由于受经济和社会条件制约无法充分运用图书馆的资源和服务进行阅读的人；③由于残疾、疾病或身体虚弱等因素不方便地进入图书馆的人；④由于年纪太小或年纪过大，不能利用图书馆服务的人。在这类群体中，有图书馆所规定的特定人群，也有不愿意读书的人以及文盲、半文盲、儿童等。由于这类群体存在着无法正确利用图书馆的资源与服务的共性，我们把他们统一称为"特殊群体"。

三、阅读推广与公平服务

与图书馆传统的借阅服务相比较，阅读推广是一种收益相对较低、服务费用较高的服务。比如，图书管理员向读者讲述一个故事的成本通常要高于提供阅读服务的成本。这就涉及图书馆服务政策的理论问题：为少数人提供的阅读推广，会不会违背了图书馆公正服务的理念？在如今这个全球图书馆业发展不景气，经营者们也在谋求自身利益的社会背景下，为何图书推广这一成本较高的业务却逐渐成为图书馆的一项重要业务？想了解这些问题，我们就必须了解现代图书馆的特定人群服务理论。

《公共图书馆宣言》指出，公共图书馆应当对每个人提供平等服务，而且还必须为那些因为种种原因无法获得其正常服务的人群：残疾人、住院患者和囚犯，以及其他一些人提供特殊服务，这是对所有人公平服务的修正和补充。为特定群体提供特别服务是我国公共图书馆逐渐走向成熟与完善的一个重要标志。1931 年，世界图协成立了"图书馆弱势人群服务委员会"，2009年改名为"图书馆特殊人群服务委员会"。名称的改变，表明了图书馆服务理念的改变：为弱势人群提供服务，体现的是一种"慈悲"或"救济性"的观念；而为特定群体提供特别服务，体现了一种公正的服务观念。因为，在当今社会上，总有一些人由于某些能力的先天不足，文化水平较低，年龄较小或没有足够的时间去享受图书馆的资源和服务而被排斥在图书馆的服务外。没有这些为特定群体提供的特别服务，图书馆"公平"的服务观念就无法真正实现。

近年来，中国图书馆大力宣传阅读推广活动，如今已有了较为深厚的社会背景。与中国社会类似，中国图书馆也面临着一个问题，即大部分国民都缺少全民阅读的意愿。21 世纪，由于公共图书馆面临着市场化的诱惑，失去了其应有的精神坚守，在"以文养文"的大环境下，许多公共图书馆向公众开展有偿服务。在很多大城市，由于收费，这成了居民进入图书馆阅读的最大障碍。2006 年之后，我国开始逐步实行免费图书馆服务，到 2014 年，国家所有公共图书馆都落实了免费提供阅读服务的制度，废除了一切收费政策。然而，在很多地区，特别是一些经济落后的乡镇，前往公共图书馆进行阅读或借阅的读者仍是少数。事实上，对于这些图书馆来说，存在着另一个障碍——阅读的门槛：很多人有阅读资源、有阅读的时间、有阅读能力，却宁愿把自己的精力浪费在麻将桌上，也不想读书。朱永新在进行新的教学试验中，提倡培养一种"精神饥渴感"。由此，我们可以看出，人类确实可以培养一种"精神饥渴感"。人不吃东西，就会感到饿，这是人的天性。还有一些人因没有读书而感觉"饥饿"，从而导致精神空虚、精神困顿等不适，进而形成一个人的阅读欲望。和身体上的饥渴不一样，读书的饥渴不是天生的，它是在愉悦的阅读环境中逐渐产生的。目前，图书馆阅读推广的目标之一，就是培养读者的阅读饥饿感，这是我们图书馆当前的一项重要工作。

四、阅读推广的服务目标

目前，我国公共图书馆的最大任务就是，提升图书馆服务质量。也就是说，要通过广泛的宣传，让更多的人认识到图书馆，积极地进入图书馆，并体验图书馆阅读服务，这样的阅读推广可以为某些借阅较少的文献提供更多的借阅指标，提高读者对图书馆工作的满意度。图书馆阅读推广与阅读促销有着诸多的重合，它也常常被称作"图书馆促销"或者"宣传推广"。但是，我们更倾向于把这种方式看作图书馆营销的一种形式。此外，为更多的人提供优质的服务，也是图书馆的服务目的。对于一个图书馆来说，最有意义、最能体现其核心价值的，就是为某一特殊人群开展具有针对性的阅读推广服务。针对特定群体的阅读推广服务，主要包括三个层面：

（一）让不喜欢读书的人喜欢读书

对没有阅读兴趣的读者，图书馆阅读推广的目标是引导。在阅读推广的引导下，学生会逐渐开始学会阅读、爱上阅读并享受阅读。不管是人满为患的图书馆，还是清冷安静的图书馆，都有着发展未来读者的使命，图书馆若无法充分意识到这点，那么不管他们怎样提高自己的馆藏质量和服务水平，都无法扭转当前图书馆读者数量日益减少的现状。图书馆可以通过各种形式多样、有趣的宣传活动，以及各种奖励手段，引导人们充分体会读书的乐趣，并逐渐产生阅读的欲望，最终产生了一种阅读饥饿感。这个目的很难达成，但却是最有价值的。比如，美国梅恩文化基金会就有很多图书馆参与了"爸爸和男孩——银河阅读项目"的宣传计划。这个计划是为那些不想读书的孩子们而设计的，由一个有阅读技能的人做引导，让他们一起共同阅读。研究结果表明，参加的男孩在阅读方面表现出较好的学习心态，且较参加活动前阅读了更多的图书。参加活动的爸爸还表示，和孩子们在一起阅读会让孩子们更喜欢读书。这个阅读推广的目的很明确，就是要让男孩有更多的阅读兴趣，并且成效显著。

（二）让不会读书的人学会读书

让一些因各种原因不会阅读但又喜欢阅读的人学会正确的阅读方式，是公共图书馆阅读推广活动的主要任务之一。当前，在我国公共图书馆开展的阅读推广活动受众群体中有一群具有一定阅读兴趣但又不会阅读的人。他们认为读书可以给自己带来更多的机遇，也懂得读书可以让自己快乐，从而使自己的生命发生变化，然而，文化水平、经济状况的限制，图书资源全面运用能力的缺乏，都导致了他们难以独自完成读书任务。比如，存在着文盲、半文盲、功能性文盲等问题的成年人读者群体，这些读者很乐意阅读，但却没有适当的读本。又比如，3—10 岁的儿童通常有很强的读书欲望，但因为他们文字储备量低，不能完成阅读。对这类人群，传统的图书外借服务已不能满足读者的需求。图书馆应由有经验的图书馆员选择合适的读物，并以读书会、故事会、知识竞赛等活动方式，使读者在图书管理员或书友的指导下，逐步学习如何阅读。这样的宣传活动应该是日常的、常规的，需要训练有素的图书管理员，配套的读物，和吸引人的活动。在经历了几年的阅读锻炼后，读者也将逐渐地学会如何阅读。

（三）帮助阅读困难的人克服困难

对那些想要阅读却又不能阅读的人，我们的服务宗旨是协助他们克服阅读障碍。在图书馆的读者群体中，有很多特殊群体，比如残疾人、久居不出的老人、各类阅读性疾病患者等，图书馆要为他们提供特殊服务。这是一种专门的服务。例如，图书馆可以采取上门送书、诵读、读书会等方式，缩小读者与阅读间的距离。上海浦东地区图书馆已致力于盲人数字化阅读研究多年，2010 年获得了 Ulverscroft 基金的最佳实践奖。在 2013 中国图书馆年会上，浦东的盲人读者王臻光高举着他的盲杖，感慨道：“就是这样一支拐棍，把我送到了这里，它还将带我游览更宽广的世界。”王臻光的一番话很好地诠释了图书馆阅读推广对阅读困难者的重要性：让他们克服阅读障碍。

第三节　阅读推广的理论学派

　　当前，许多研究者从理论和实际出发，对"阅读推广"这个术语进行了较为全面的诠释，并由此产生了许多流派。流派的生成既是学术兴盛的象征，又是学术发展的一个重要特征。对流派的整理有利于使学科走向深入，推进实践的前进。本节试图对传统的阅读与传播的基本理论进行整理，以促进阅读推广基础理论的进一步发展，为阅读推广实践提供理论支持。

一、使命类

　　"使命说"的代表性人物是曾任深圳图书馆馆长的吴晞。他在《任务、使命与方向：图书馆的阅读推广工作》中指出，"阅读推广既是为了满足图书馆产业的生存需求，也是为了促进社会和文化的发展"。他把阅读推广提升到了图书馆的任务层面，这是有一定理论基础的。英国文化、传媒和体育部于2003年发表了一份《未来的框架》，该报告是政府在图书馆工作中的一个重要方针，它建议"把阅读列为一切文化和社会活动的头等大事"，并把"推动非正规教育"列为三项新的图书馆的主要任务。《公共图书馆宣言》将阅读列为公共图书馆的重大任务之一。2011年，由国际图联素养与阅读专业委员会联合发表的《在图书馆中用研究来促进素养与阅读：图书馆员指南》指出，国际图协坚定认为，在提高文化和阅读方面，图书馆具有独特的作用，这是其任务的一部分。这也是所有的图书馆都要做的事情，无论是大学图书馆、专业图书馆、学院图书馆、科研图书馆、公共图书馆，还是国家图书馆。在实际的阅读推广中，已有不少图书馆将其视为一项任务，并将其列入发展的战略规划之中。比如，广州图书馆就曾将"促进各年龄群体培养和保持阅读习惯，营造良好的社会阅读氛围，使阅读成为公众生活中不可或缺的一部分"作为自己的使命，纳入发展规划中。

　　在现代社会，公共图书馆的使命包括但不限于识字教育、信息素养教育以及读者阅读兴趣培育。使命说就是要把"阅读推广"这一基本工作放在前位，并纳入各种宣言、战略文件和方针文件之中，形成一种经营理念，在组

16

织服务资源、策划服务项目、服务方向等方面进行全面的规划和安排。

二、实践类

（一）活动说

"活动说"的代表人物有张怀涛、王余光、王波等学者。在阅读推广的实践领域，常以各种不同的方式开展阅读推广活动，例如知识竞赛、书会、亲子阅读、朗诵等，其最显著的特点是"活动性"。所以，许多图书馆学家把"阅读推广"看作一种旨在推动大众阅读的活动。基于以上分析，王余光和王波更重视活动的品质，并提出了要做好规划，精心策划。"活动说"发端于国外，国外许多学者的理论中已有了"活动说"。比如，在由美国图书馆学会出版的《媒介专家评价体系》中，"阅读推广"被用来形容为一种提倡阅读的方式，即一种提倡独立地进行学习或娱乐的行为。

李国新和于群在 2012 出版的《公共图书馆业务培训指导纲要》中提出了"活动说"，"阅读推广是指图书馆通过开展各种阅读活动，向广大市民传播阅读知识，培养市民的阅读兴趣，促进全民阅读"。2015 年，张怀涛根据其实践经验，通过对十多个专家所提出来的观点的归纳，得出了"阅读推广"的一个新定义：阅读推广就是推广阅读，简单地说，是指由一个社会团体或个体为推动读者的阅读而开展的有关行为。具体而言，就是指通过各种方法以推动阅读的文化现象。并从阅读推广的角度，阐述了开展阅读推广应采取的六个步骤：明确主题、创造条件、精心策划、协同推进、打造品牌、提升自我。经过四年的调查和研究，王余光和他的小组成员在国家社科基金重点项目"建设学习型社会与图书馆的社会服务研究"的研究报告中，提出阅读推广的概念：是一种有计划和策略的社会行为，是由机构独自或联合开展、面向各类读者、促进读者阅读水平和优化阅读氛围、品质和数量的社交活动。阅读推广活动的开展对主办方场地、人力、资金、设备等资源都有较高的要求，需要提前规划安排好，这就是王余光的观点与前面两位学者观点所存在的差异。活动说的最新研究结果就是王波在《阅读推广、图书馆阅读推广的定义——兼论如何认识和学习图书馆时尚阅读推广案例》中对阅读推广的定义："图书馆阅读推广是指图书馆通过精心创意、策划，将读者的注意力从海量馆藏引导到小范围的有吸引力的馆藏，以提高馆藏的流通率和利用率的活动。"王波认为，图书馆工作者可以从三方面来界定图书的阅读推广范围，阅读推广的整个过程包括前期策划，前期准备，协作推进，后期评估。但是，阅读推广并不是纯粹的"活动"。在阅读推广实践中，早期方式是推荐书目，它不是一个动态的活动，而是一个静止的服务。推荐书目作为一种阅读推广活动，目前仍然是很多图书馆的常规推广手段。刘勇、郭爱枝通过浙江农业大学图书馆的案例，对图书漂流、知识竞赛、推荐书目等方面的具体做法进行了阐述，并指出推荐书目作为高校图书馆的一种主要形式，对引导大学生读书起到了很好的促进作用。而"活动说"把"阅读推广"定性为一种活动，限制了阅读推广的范围，而不能覆盖静止的服务。同时，行为说也不能从整体上对阅读推广进行深入的探讨，容易导致阅读推广实践领域的服务碎片化。

（二）工作说

"工作说"的代表人物是万行明、王辛培，他们都是有着相当丰富的工作经历。万行明 2011 年出版的《阅读推广——助推图书馆腾飞的另一只翅膀》一书中，第一次就"阅读推广"这个概念做了较为完整的阐述："阅读推广就是指图书馆及社会相关方面，为培养读者阅读习惯，提高人们的阅读能力，并进而促进全民阅读所从事的一切工作的总称。"

这一观点已被众多的学者所接受，如苏海燕和周佳贵等人也曾在有关的文献中使用过这一概念。

王辛培在 2013 年提出，阅读推广是指图书馆、出版机构、媒体、网络、政府和相关单位为了养成人们的阅读习惯，激发读者的阅读热情，促进全民阅读而开展的相关工作和活动。

很明显，"工作说"不仅仅包含了一个动态的阅读推广，还包含了静态的服务，它的描述范围要远远超过"行为说"。从工作层面阐述阅读推广这一概念，有助于增强图书馆人的阅读推广意识，将阅读推广工作作为图书馆的行为日常，这有利于推动阅读推广活动的规范化和制度化。

（三）服务说

范并思是"服务说"的典型代表。他多次指出，阅读推广是一种服务方式，而要对其进行深入探讨，就必须把它视为一种服务。他在《阅读推广的理论自觉》一文中提出，阅读推广作为一种新的服务形式，正逐渐发展为图书馆的一项主流服务。图书馆的核心价值观是指图书馆工作者在工作中的职责和任务，以规范、简洁的语言来表述他们的职业信念。作为图书馆的一种服务，阅读推广必须与其核心价值观相一致。国际图联发表的《IFLA2006—2009年战略计划》阐述了其核心价值："认可信息、思想、作品获取自由的原则，以及《人权宣言》第19条关于言论自由的规定。人类、社团、组织出于社会、教育、文化、民主、经济等方面的目的和需求需要广泛和公平地获取信息、思想和作品的信仰。"阅读推广是以特定群体为对象的，要开展阅读推广，常常要干预读者的阅读行为，这就存在一个问题，即在知识自由与平等获取发生矛盾的情况下，我们应该怎样去处理？对此范并思指出，阅读推广的服务对象是特定群体，因为特定群体不能正确地使用和缺乏深度参与的积极性，如果不进行深度介入他们的阅读活动，他们就会被彻底排除在图书馆的服务范围以外。所以，从表面上看介入式服务可能违背中立原则，实际上它正是对普遍均等服务的补充。范并思还认为，对特殊人群提供特殊服务是公共图书馆服务走向成熟的标准。

很多学者认为，阅读推广是一种"服务"，但是却没有从"服务"的角度来定义。"服务说"把阅读推广作为一项服务，并对其服务形式、目标人群、价值基础等进行了全面阐述。"服务说"为图书馆人提供共享的、基本的理念，有利于图书馆人在实际工作中遵循普遍开放、平等服务、以人为本的服务理念，以特定群体为重点开展阅读推广，以实现服务的公平性。

（四）实践说

谢蓉、刘炜、赵珊珊，都是"实践说"的代表人物，在《试论图书馆阅读推广理论的构建》一文中提出了图书馆阅读推广的概念：阅读推广是指图书馆利用其完备的信息资源、设备、专业队伍、社交网络等手段，促进不同层次的群体参与到阅读活动中来，从而提高他们的阅读兴趣，养成阅读习惯，提高阅读素养的各种实践。这一概念把"读者发展"定位为图书馆一个清晰而又坚定的目标，同时把"信息素养"培养也列为阅读推广一个重要目标，并把图书馆开展的各项"努力"都列入了图书推广的范畴。

"实践说"是由"活动说""工作说"，以及"服务说"经综合整合后形成的阅读推广概念。相较于上述三种，"实践说"在描述阅读推广内涵的时候更为开放与包容，且在一定程度上拓展了阅读推广的范围，推动了图书馆阅读推广活动的进程。

三、休闲类

"休闲说"的代表人物是于良芝。该理论起源于西方高校图书馆，在国外大学图书馆中，"休闲说"是一种较为普遍的现象。受这一观点的影响，国内有部分学者在其阅读推广的理论研究中也接受了这一观点。于良芝在《图书馆阅读推广——循证图书馆学（EBL）的典型领域》中提出，按照图书馆工作者多年的阅读推广实践来看，它是一种以提高大众的阅读习惯和特殊的阅读兴趣为目的的书籍推广或读者服务活动。于良芝认为"培养阅读习惯或兴趣"这一目标决定阅读推广影响的休闲阅读行为，也就是说是与工作或学业无关的阅读行为，这是因为，与工作和学业有关的阅读行为，它是受工作所驱动的，所以很难受到阅读推广的影响。

很明显，"休闲说"并未将专业阅读的推广纳入阅读推广的范畴，这与大学图书馆在教学、科研、文化等方面的阅读推广背道而驰。尽管目前在国外图书馆中休闲阅读已成为一种主流，但是在国内，它并未被普遍接受。杨莉、陈幼华、谢蓉等都指出，目前，传统的阅读推广以休闲阅读为主，但从阅读能力来看是不分内容的，阅读推广在专业层面上也是如此。王波举例说，在北大图书馆每年都要开展学术类和教学类书籍的阅读推广。他指出，对于大学图书馆来说，满足师生教学、科研、文化的继承和创新的图书推广是主业，而以满足教师和学生的休闲活动的阅读推广是副业。同样，大中型公共图书馆也有为当地的教学科研、大众创业、万众创新等工作提供支持的使命，所以阅读推广仅仅影响读者的休闲阅读是远远不够的。

四、学科类

（一）阅读学理论

徐雁是阅读学理论的代表。他坚持"读书之路，读书之理，古今同在"的基本思想，把阅读文化学与阅读推广有机地结合起来，创造性地阐述了"全民阅读"的三重内涵：对于社会群体来说，各行各业各阶层工作人员都应该成为阅读推广的对象；作为社会个体，阅读贯穿生命的整个历程，要牢固地确立"活到老，学到老"的学习态度；不管是公益性质的图书馆，还是商业性的图书馆，都要对所藏进行全面的宣传，力求把一切图书资源都为人所利用起来。徐雁与同人合作编写了《全民阅读推广手册》《全民阅读参考读本》，其核心思想是针对目前网络时代为读书所迷惑的人们提供最新的、实用的、权威的、值得信赖的读物，重视纸本经典图书，重视儿童导读和未来阅读，有着很强的可读性。

在信息技术飞速发展的今天，传统阅读方式也在不断地遭受着巨大的影响，并进入了一个非常关键的转折点，而阅读推广的发展给了传统阅读一个重要的转型契机。中国阅读学研究会历来都在全国范围内开展各种形式的读书运动，推动广大读者的阅读。阅读学侧重于人们的阅读行为和阅读过程，而在阅读推广过程中，诸如新书推荐、读书会等都离不开阅读学的科学引导。

作为一个新的研究方向，阅读推广必须从阅读学、教育学、传播学等方面吸收大量的前沿知识，从而推动自身理论的发展。从事阅读学理论研究的曾祥芹指出，"图书馆学"和"阅读学"是同根同源的两门姊妹学科，理应在大众文化传播的大舞台上分工合作。他也相信，只要我们的学者和图书馆工作者都能充分吸收汉文读物的知识，并且能主动地利用阅读学来引导读者的日常阅读生活，那么中国的阅读学将实现大发展。

（二）传播学理论

谢蓉和刘开琼是传播学理论的代表性人物。谢蓉于2012年首次发表自己的见解："阅读推广"实质上是一种沟通行为，它与传播学基本原则是一致的。按照传播学理论，任何阅读推广活动不外是推广主体、读者、目标和媒体等因素在特定的时间和空间上进行某种组织与分配的结果，通过它们的相互作用，达到"促进知识分享，提升精神层次，获取有用资讯与快乐"等的目的。

2013 年，刘开琼运用拉斯韦尔"5W"传播模型进行了一次阅读推广，提出了五种类型的阅读推广模式：who（谁）、say what（说了什么）、in which chanel（通过什么渠道）、to whom（向谁说）及 with what effect（有什么效果）。在此基础上，提出阅读推广的概念：阅读推广是指推广主体、读者、目标和传播媒体在特定的时间和空间上进行的组合、配置的结果，通过它们的互动过程，让阅读成为人们分享知识、提升精神境界、获取有用信息的一个渠道。

姜利华指出，拉斯韦尔"5W"模型存在一定的缺陷，即缺乏与之对应的信息回馈通道与机制，无法反映出信息的互动。图书馆的推广模式需要建立起一个反馈系统，对这些反馈进行及时的收集和整理，以促进其工作的顺利进行。以此为依据，推进阅读推广，形成一个循环往复的发展进程。

传播学把传播学理论运用在了新的阅读推广中，并把它作为一种理论进行研究，得到吴高和张婷等人的认同。近些年，在传播学理论的基础上，关于阅读推广的文章越来越多。李臻从当前中国残障人士的阅读推广状况出发，剖析了阻碍他们阅读发展的因素。根据拉斯韦尔"5W"模型，构建我国残疾人阅读的推广模式。李超平认为与公共图书馆的促销活动紧密相连的"图书营销"也是一种可以被传播学吸收的传播理论。李超平认为，对于公共的图书馆来说，无论是营销还是推广，其最终目的都是提高图书的利用率。其中营销的具体操作流程是，首先对客户需求进行调查，并按照需求设计"产品"，然后商定并执行营销方案，最后再对营销的结果进行总结与分析。由于"营销"这一专业术语尚未被我国图书馆的实践领域所接受，所以大部分图书馆在进行本质为营销的活动方案时更愿意设立"宣传推广部"而非"营销部"。但事实上，在一些非营利性的活动或组织中，营销理论同样适用，例如 1997 年国际图联成立的"管理与市场营销委员会"以及 2001 年起启动的国际图联营销奖均可说明在国际图书馆界，图书馆营销已然成为一个引用较为广泛的术语，所以，我国图书馆界也应当更加积极主动地接纳营销理论，将营销学的先进思想运用到图书推广的实践中去，以此来推动阅读推广活动的进程。

第四节 阅读推广的模式

一、以信息技术为支撑的阅读推广模式

（一）多媒体技术推广模式

计算机对于文字、影音、图片以及视频等媒体的综合处理能力即为多媒体技术。多媒体技术可以让信息变得更为清晰直观且富有吸引力。在图书馆的阅读推广活动中不乏通过多媒体技术进行推广宣传的新奇创意，例如在图片技术方面，北京大学图书馆举办的"书读花间人博雅：北京大学图书馆好书榜精选书目/阅读摄影展"活动，采用"精选书目＋阅读摄影模仿秀"的方式让学生们选出自己心目中的好书并在馆内和网络上同步宣传展出，突出了"书读花间人博雅，腹有诗书气自华"的活动理念，吸引了众多爱好阅读的网友的注意。据悉，该活动在微博上的热度及讨论度超过 28 万，极大地提升了活动宣传书籍的借阅率，同时也让更多的人爱上阅读、学会阅读。

在影音技术方面，四川大学图书馆举办的"光影阅动——微拍电子书"活动立足于"微"和"拍"两个活动重点，鼓励学生创作内容精良、创意新颖的阅读推荐微视频并通过微博、抖音以及微信等自媒体平台展现出来，这种融合了多种媒体元素的阅读推广活动极大地提升了活动的趣味性，也吸引了越来越多的阅读爱好者参与到图书馆的阅读推广活动当中。图书馆最常用的阅读推广方式是微电影，例如清华大学的《爱上图书馆》以及北京大学的微电影《天堂图书馆》都对阅读推广活动产生了极大的影响。

（二）新媒体平台推广模式

随着互联网时代的蓬勃发展，微信、微博等操作便捷、传播速度快、传播范围广的新媒体平台成为图书馆推广活动的新阵地。上海对外贸易学院图书馆的谢蓉将该模式称为社会化媒体推广模式。目前各大图书馆已经普遍开通微博和微信服务，也越来越受到读者的关注。除此之外，还包括短视频、维基、社交网络和内容社区（如豆瓣、优酷）等。据统计，在图书馆通过微

博渠道开展的服务中，14.89％为用户互动，17.94％为公告通知，12.60％为书籍推荐，12.21％为信息推送，29.77％为活动宣传，12.60％为图书馆资源库服务及推荐，其中书籍推荐、活动宣传和图书馆资源库服务及推荐均与阅读推广有关。比起讨论度与热度更高的微博，微信更为适合图书馆各项文献宣传服务推广活动的开展，其便捷开放的服务机制使其可以更好地承办图书馆预约、导读、书籍推荐、文献搜索、活动推广等业务。随着时代与社会的不断发展，社会性网络越来越多地融入了图书馆的阅读推广活动中。

（三）大数据理念推广模式

现今，大数据理念渗透到了社会生活的方方面面，图书馆基于对日常服务中涉及的海量用户个人数据、借阅数据和访问数据的重视，推出了以大数据为基础构架的阅读推广模式。

自 2012 年起，上海图书馆在年终的时候会向读者发送一份当年的阅读账单，上面记录着读者的阅读足迹、借阅次数、借阅数量等信息，同时还会按照读者阅读情况给读者颁发"文青""极客""书虫"等头衔。此外，账单中还包含了上海图书馆用户的书籍平均借阅数量、书籍借阅数量最多的读者一年总共借阅了多少本图书、被借阅最多的书籍，以及上海市中心图书馆的规模等多项统计数据。同时上海图书馆在账单上还贴心地为读者推荐了各项馆内特色服务。

厦门大学图书馆自 2013 年起，每年都会为毕业生送上包含着"缘起、初恋、故事、书单、告别"五个部分的毕业贺礼——圕·时光，五幅精美的插图搭配上名人名言，宛如艺术作品，用讲故事的方式将毕业生在学校图书馆的阅读足迹以及借阅数据展示出来，在富含文艺气息的同时也不乏温馨，受到毕业生的一致好评；有此毕业生服务的学校还有清华大学、华东师范大学、重庆大学等。

（四）游戏式推广模式

游戏式推广因其特有的高参与性和投入性推动了图书馆阅读推广内容和方式的创新，成为图书馆阅读推广最强有力的模式之一。该模式下，设定多样化与强互动性的网络游戏成为图书馆与读者对话的新方式，这种推广方式在引起读者阅读兴趣的同时，也能达到给读者推送阅读推广信息的目的，且推广效果极好。比如武汉大学为了缩短与读者之间的距离，于2012年推出了虚拟管理员小布，2014年推出了以小布为主角的新生通关游戏"拯救小布"，用以推荐图书馆服务，2015年推出了以"经典阅读"为主题的游戏"拯救小布之消失的经典"，该游戏上线仅一个月总参与人数就达到了931人，总参与次数甚至达到了4300次，在参与过的读者中，有85％的人表示该游戏对经典阅读的推广作用极好。通过游戏的方式进行推广阅读，可以使读者在答题、玩乐的过程中不由自主地好奇、关注、收集、学习游戏中涉及的相关名著知识，对经典阅读的推广起到了潜移默化的作用。

此外，在清华大学图书馆2011年上架的"排架也疯狂"游戏中，读者被要求按照索书号对随机出现的书籍进行排序，这样的游戏有利于增强读者正确归还图书的能力，减轻了图书管理员的工作负担。重庆大学图书馆于2014年推出了"我的任务"，该游戏为读者提供了大量有奖任务，其中包含推荐书籍、参加公益义工、绑定电子邮箱、门禁签到、关注图书馆微信公众号等，读者只要完成任务，就能得到相应的任务奖励。2014年，电子科技大学在虚拟现实技术的基础上，建立了包含虚拟漫游、照片墙、知识地图、知识闯关四大模块的虚拟导览系统，当读者在体验虚拟漫游服务时，只需点击一下鼠标，就可以进入图书馆的任意一个地方，这有利于提高读者对整个图书馆布局和功能的认识。

（五）业务流程再造推广模式

业务流程重构是指按照阅读推广和读者的阅读需要，利用信息技术对原来的业务流程进行优化和升级，从而优化读者的阅读体验。目前，很多图书馆都使用这种方式大力推行阅读推广活动，比如中山大学图书馆已经不再限定图书的借阅次数，还提出了"阅读无止境，借阅不限量"的口号。长沙图书馆以及内蒙古图书馆联合书店推出了一款移动端App,市民在选购书籍或者查看的时候可以先让图书馆买单，等到阅览使用结束后再将书籍归还至图书馆即可。

对于阅读推广活动来说，业务再改造模式应用范围广、使用效果佳，典型案例有以下几个。

1.读者证卡的激活

近些年来，有部分图书馆对借阅证办理的业务流程进行了改革，读者在拿到借阅证后需要经过一系列的培训和考试才能激活借阅功能，有利于新读者更好地了解图书馆的概况与规则。比如在中山大学图书馆以及重庆大学图书馆，新读者在借阅书籍之前必须先补充个人信息、仔细阅读图书馆的借阅手册和电子资源使用规则。而在湖南大学、云南大学、东北财经大学、盐城工学院等高校的图书馆，新读者必须通过网上培训和考试后才能激活图书借阅功能，在激活借阅功能前，新生虽不能借阅图书，但在阅览室阅览或自习依然是被允许的。

2.书评系统的业务流程再造

大部分读者在挑选阅读书目时都有先看评价的习惯，所以书评对于书籍的阅读有非常重要的引导与指导作用。在重庆大学图书馆开发的书评系统中，评价页面就显示在 OPAC 和读者个性门户上，对于仍没有评价的图书，系统会在读者搜索时提醒并引导读者积极评价。这样做的目的是吸引更多的读者参与到图书评价当中，提升读者的阅读兴趣，同时，该系统的开发也极大地优化和完善了图书馆的业务流程。

书评系统的业务流程再造的具体步骤为：首先，让读者自行组建一个虚拟书友会，凡会内会员均可享有与一般读者不一样的待遇，例如拥有更多的借阅权利，但与此同时，会员若在阅读完书后不发表评论，将被视为图书未归还；其次，建立了一套积分荣誉体系，根据系统设定的积分法，将不同积分数量的读者划分为童生、秀才、举人、贡士、进士、状元六级，以鼓励读者多读书；最后，设立合理的奖励制度，如"阅读达人""每月书生"等奖项，必须要有实物奖励（书签、杯子、U 盘等），每个月可选出一批优秀的书评，并将这些优秀书评刊登在各大书刊、馆报或独立出版的书刊上。此外，阅读获得的积分还可以在系统中兑换精美礼品、借阅数量上限等。截至 2015 年底，重庆大学图书馆已有书评 18.2 万余条，且大部分都是在书评系统的业务流程再造后产生的，有效地提高了馆内书籍的借阅率。

3.电子阅读器和其他设备的借阅

根据《2022 年度中国数字阅读报告》显示，2022 年，我国数字阅读用户规模达 5.3 亿，同比增长 4.75%，人均电子书阅读量为 11.88 本，人均有声书阅读量 7.44 本。随着数字时代的到来，电子书阅读日益增多，而图书馆这个主要的宣传平台自然也不能错过。上海图书馆、北京大学图书馆和昆明科技大学图书馆等都从传统的纸质书籍中解放出来，向用户开放电子阅读器，如 Kindle、iPad、笔记本等电子产品。

二、儿童阅读的宣传方式

（一）以"读书为生命"为基础的少儿读物宣传模型

程焕文博士于 2015 年度阅读推广高峰论坛（秋天）主题演讲中，就提到了读书是一种人生态度。他说："要想成为天下最强大的国家，就要提升人民的品质，使人民的生命达到一个更好的境界，使阅读变成他们生命的一部分；《公共图书馆宣言》的首要原则是：在幼儿时期养成读书的好习惯，这是当今阅读推广活动的一项重要内容；这样，我们就可以称之为'人人读书'，也就是'读书'的时代。"程先生在演讲中指明了当前的阅读推广工作的重心，指明了今后"全民阅读"的发展趋势，同时也提出了"书香社会"和"全民阅读"的具体衡量尺度——读书应成为大众的一种生存模式。要实现这个目标，就需要站在国家发展、民族前途等战略的角度去谋划和推动"全民阅读"。这种方式要求公共图书馆在学校和幼儿园的阅读推广中积极参与，而公立图书馆则与社会组织合作开展体验和激励阅读活动。

（二）以图画为媒介的少儿读物推广方式

"贯穿模式"即从孩子出生起，由图书馆联合慈善基金会组织，通过定期免费供应儿童读物和举办阅读活动的方式，引导儿童树立终身阅读观念。

1.贯穿模式

（1）英国"阅读起跑线"（Bookstart）活动

英国伯明翰图书馆于 1992 年联合信托基金会和基层医护服务信托基金会

发起了"阅读起跑线"活动,意在减少贫富家庭儿童的阅读水平差距,帮助婴幼儿感受阅读乐趣,培养儿童阅读的良好审美以及习惯。该活动根据年龄将0到4岁的婴幼儿分为三个阅读阶层,并免费为每一个阶层的儿童提供合适的读物。同时举办"蹒跚起步来看书"儿童阅读活动,通过"阅读证书"的形式吸引更多的儿童参与到图书馆的阅读活动当中。

(2)美国"从出生就阅读"(Born to Read)计划

"从出生就阅读"是1995年由普洛佛市立图书馆、美国H.Leslie Perry纪念图书馆和匹兹堡卡内基图书馆联合开展的阅读计划,加州Sutter郡图书馆于1996年加入,田纳西州Memphis-Shelby郡公共图书馆于1997年加入。这五家公共图书馆联合多家基金会和医疗机构开展了许多丰富多彩的儿童阅读活动,此外,他们还非常关注社会底层家庭儿童的阅读情况,不仅为他们提供上门办理借书证服务,还举办了多场绘本阅读和绘本讲述活动。该计划也帮助不少父母树立了"从出生就阅读"的观念,让儿童从小时候开始就学会阅读、享受阅读,最后成为终身阅读者。

(3)持续工程项目

持续工程项目模式以长期持续规划的推广项目为主,提前制定好严谨而详尽的规划是这种模式的特点,该模式最为经典的系列活动是国家科学院主导的"Zeit Punkt Lesen"项目活动。"Zeit Punkt Lesen"为德语,意为"时间阅读"。该项目是由下奥地利州于2006年发起的,一个时间跨度长达7年,受众群体为儿童与青年,旨在提倡奥地利儿童及青年应在阅读中学习的系列项目活动。不管是在校内还是校外,只要儿童可以在不同的项目推广活动中自主阅读、自我激励,就能以一种很愉快舒适的方式享受阅读。该项目的重点在于创新阅读服务方式,还有部分项目则将儿童监护人作为主要支持对象,希望能与他们一起培养孩子自主阅读的能力以及认真负责的学习态度。

2.分级模式

所谓"分级模式",即参考儿童自身的身心特点及阅读能力,为儿童读者提供更个性化的推荐和引导的阅读推广模式。德国布里隆市的一家图书馆开展了一项名为"阅读测量尺"的活动,它将孩子的年龄和身高结合起来,并根据孩子们的身心发展情况,制订相应的阅读计划。"阅读测量尺"一共有 10 个部分，以颜色作为区分，分别是红、橙、黄、绿、青、蓝、紫、粉、桃红以及橘红，为 10 岁及以上的孩子提供最佳的阅读建议、指导和计划。孩子们在进入图书馆后，可以通过"阅读测量尺"中的高度来获得有关阅读的信息，为父母对孩子的阅读引导提供了极大的方便。此外，奥地利施泰尔马克州公立图书馆也开展了诸多如"阅读从娃娃抓起"的系列活动，在活动中，图书馆会为新生儿提供婴儿包，里面包含了许多精美的婴幼儿读物和为家长准备的阅读指南。等到孩子第二个生日时，还会收到一本精美的绘本和一个"阅读测量尺"，家长可以根据"阅读测量尺"以及儿童年龄参考相应的阅读指南。

3.接力模式

"接力模式"是指图书馆持续、有计划、有目的地开展少儿图书阅读活动，并形成具有地方特色的少儿阅读推广品牌。

（1）广州图书馆"爱绘本爱阅读"儿童阅读推广系列活动

广州图书馆从 2009 年 6 月开始，围绕"由绘本爱上阅读——公共图书馆少年儿童阅读推广实践研究"主题，开展了"爱绘本爱读书"系列少儿绘本阅读推广活动，该活动包含"周六晚，温馨夜"亲子读书会以及"让阅读动起来"绘本创作活动两个部分。其中"周六晚，温馨夜"亲子读书会采取讲故事的形式推动儿童阅读习惯和意识的养成，让更多的儿童爱上阅读、享受阅读。在读书会活动尚在策划、组织及开展初期，广州图书馆的管理员和领导经过多次研究、分析与总结，才得出了一套科学严谨、切实可行的绘本阅读推广方案。广州图书馆开展绘本阅读推广的另一重要活动是"让阅读动起来"绘本创作活动，在该活动中，图书馆工作人员会将绘本的单页做成精美的小卡片，然后让儿童根据自己的故事理解将其重新排序，较好地锻炼儿童的思维能力以及创造能力，促使儿童从"做一本绘本"到"认识绘本、爱上绘本、爱上阅读"。

（2）江阴市图书馆"幸福的种子"儿童阅读推广系列活动

自 2008 年起，江阴市图书馆开始关注儿童阅读推广，并在不断地实践与探究中建立起了包括"苗苗故事会""妈妈加油站"和"绘本之旅"三个项目在内的"幸福的种子"儿童阅读推广品牌。在"苗苗故事会"项目中，江阴市图书馆每个月都会推出一个特定的主题，并按照主题挑选合适的绘本故事，让孩子们在绘本中语言、图片和故事的引导下，充分感受世界，感受自己，把读书和自身成长紧密相连，培养自身正确的世界观、人生观、价值观念。而"妈妈加油站"是江阴市图书馆绘本馆的一个特色活动，妈妈们可以把孩子们在绘本上看到的有趣故事、孩子的阅读经历和体会，通过"妈妈加油站"活动与其他妈妈一起进行分享和交流，让整个绘本馆充满温馨有爱的气息。"绘本之旅"活动为孩子和父母提供了一个很好的互动交流平台。

4.联动模式

公共图书馆总馆与下属各分馆共同组织各类阅读推广活动，从而达到拓展活动影响范围的宣传方式，就叫作联动模式。台北市立图书馆与各分馆共同组织了一系列生动多彩、趣味盎然的图书推广活动。在总馆，举办了"We're going on a book hunt"英语阅读活动，以及"美国教师美语讲故事"活动，活动充分考虑儿童身心发展特征，现实生活体验以及经验，让儿童在绘本阅读的过程中提升包括默读、共读及轮读在内的阅读能力和英语口语表达能力，培养儿童阅读审美、鉴赏能力，让儿童爱上阅读、学会阅读、享受阅读、终身阅读；而民生分馆、内湖分馆的"周末来 fun 电"影片品鉴活动、文山分馆的"节日电影院"、葫芦分馆的"糖葫芦电影院"等，都是以动画和电影的形式，来激发孩子们的阅读兴趣；万兴分馆举办的"非读 BOOK"少儿读物会，将萨奇尔的经典绘本作为儿童读物，鼓励孩子们在共同阅读以及社会交往中养成阅读习惯，提高阅读水平，丰富阅读经验。

5.名人媒体效应模式

奥地利图书馆协会曾联合奥地利联邦教育、艺术和文化部资助发起过一项让人难以忘怀的新闻插入运动。该活动邀请到了众多人气偶像来宣传儿童阅读，例如著名的奥地利歌手 C.Sturmer、奥林匹克帆船竞赛冠军 Hagam 和 Steinacher、奥地利国家足球队团队教练 J.Hickersberger 以及滑雪赛世界冠军 M.Walchdhofer。奥地利图书馆协会还与国家广播电视台和广播公司达成协定，将拍摄好的儿童阅读推广视频以公益广告的形式在各个电视频道的黄金时间段播出，利用名人媒体效应扩大儿童阅读推广活动的知名度，提高民众参与活动的积极性。

第二章　全民阅读与图书馆阅读推广

第一节　全民阅读的起源

随着时代的发展，社会的进步，新的科技手段的运用，使人们的阅读概念更加广泛，其内容与范围也随之扩展。这就是所谓"大阅读时代"，即"全民阅读时代"。

一、什么是全民阅读

"全民阅读"是什么？"全民阅读时代"又是什么？我们一般所了解的阅读，可以分为个人阅读、图书馆阅读、学校阅读三大类，但是，它们并不能全面地概括全民阅读。总之，全民阅读具有如下特点：

第一，利用国家和政府的力量来推动全民阅读。许多国家的政府和有影响力的非政府组织都在积极推进全民阅读。

第二，有法律制度做保障。在国外，制定有相关的法律法规；在我国，则有政府红头文件做保障。

第三，有社会性的互动。全民阅读并不限于小范围、小团体、特定单位、行业，它是一个整体的、社会的阅读活动。

第四，在全社会形成广泛的影响，并且这种影响是长期的、全社会性的，而非一朝一夕的。

具有以上特点，才与我们现在所说的全民阅读的理念相吻合。

二、全民阅读的由来

全民阅读并非从古代就存在的，它是一个特定时代的产物。

纵观人类的阅读史，其发展历程可谓悠久，而当今的全民阅读，开始于 20 世纪 90 年代左右，其代表性的活动是 1995 年由联合国教科文机构设立的 "国际读者节"（即 4 月 23 日 "世界图书与版权日"）。这个以激励人们多读书、读好书的节日，已经发展成了一个全球性的阅读活动。届时，世界各地 100 多个国家都将举办各类阅读活动，例如俄、美、日、法、英、新加坡等很多国家都会举行这种文化活动，而在各大城市举行读书节也是常有的事。许多国家和城市纷纷将推进全民阅读提升到了法律的高度，制定了一套相关的法律、条例，将阅读活动变成了全民工程。这就是今天所说的全民阅读的由来。

在我国，全国范围内的全民阅读的兴起，也是从 20 世纪末期开始的，它与国际社会的发展趋势基本上是一致的，其标志就是 1997 年 1 月《关于在全国组织实施 "知识工程" 的通知》的颁发，此通告由广播电视总局、文化部、国家教委、中央宣传部、共青团中央、全国妇联等九个部门共同发布，在社会上广泛开展了一项以倡导读书、传播知识、促进社会文明和发展为宗旨的文化系统工程。从那时起，每年的 "世界读书日" 期间，都将在全国范围内举行各种形式的阅读推广活动。

从那时起，全国各地也都在大力推进推广全民阅读活动，并制定了一系列的文件、法规和政策。党中央和国务院已明确把推动全民阅读列为重要的社会活动。由国家新闻出版总局牵头的 "全民阅读促进条例" 被提上了立法日程。目前，全国举办读书日、读书节、读书周、读书月、读书季活动的城市已超过 400 个。

而在图书馆领域，促进全民阅读已在国内外图书馆界形成了共识。《公共图书馆宣言》（1994）把促进全民阅读作为图书馆工作的一项重大任务，是 "公共图书馆的核心工作" 之一。国际组织的相关宣言和文件都将促进全民阅读放在一个非常重要的地位。中国图书馆学会于 2009 年出台的《中国图书馆服务宣言》描述得更加明确："图书馆努力促进全民阅读。图书馆为公民终身学习提供保障，促进学习型社会的建设。"

2006 年，中国图书馆学会成立了 "科普与阅读指导委员会"，后更名为 "阅读推广委员会"。通过多年的艰苦工作，现已成为全国图书馆在全国范围内进行阅读宣传的中坚力量，并在相关研究中发挥着重要作用。

我们为什么要花费如此多的精力和成本去推动全民阅读？

弗兰西斯·培根说过："知识就是力量。"但是，几乎没有人去思考，什么是知识？书是知识的最大来源，阅读是获得知识的最好途径。作为人们接受教育、发展智力、获取信息的重要手段，阅读对整个社会的文化素质和可持续发展起着至关重要的作用。因此，我们可以把读书看作一种能力。阅读的力量是个人学习、思考、实践的综合力量。

20世纪90年代以后，随着经济、文化和科技的发展，人们对国民素质的要求越来越高。公民的自我学习能力对于促进社会发展和民主政治建设，对于维护社会稳定、增强国际竞争力，都具有举足轻重的作用。

为此，各个国际组织、各国政府以及名人政要们都把通过阅读提高国民素养提升到前所未有的重要位置。科菲·安南，联合国前秘书长，诺贝尔和平奖得主，说过一段著名的话："知识是力量，信息即解放，教育是每个社会和每个家庭发展的前提。"全国政协副秘书长、著名阅读倡导人朱永新将阅读的社会功能总结为："一个人的精神发育史就是他的阅读史；一个民族的精神境界取决于她的阅读水平；一个没有阅读的学校不可能有真正的教育；一个书香充盈的城市才能成为美丽的精神家园；共读、共写、共同生活才能拥有共同语言、共同价值、共同愿景。"

这是对全民阅读最好的解读，但在现实社会中又是怎样的呢？

第二节 图书馆的历史使命

不论阅读形势如何变化，图书馆始终是大众阅读的主体。本文只对公共图书馆的发展历程进行说明。

一、现代公共图书馆的产生与发展

近代的公共图书馆是在西方诞生的。尽管西方图书馆历史悠久，但西方中世纪的图书馆与现今的图书馆却有着天壤之别，其中公共图书馆及其理念的诞生，便是一个重要标志。

虽然在西方"公共图书馆"的概念已经存在很久了，但真正意义上的公共图书馆是人类文明发展到一定程度后才会出现的。以前，所有的公共图书馆，虽然冠以公共图书馆的名称，都有具体的服务对象，或是皇家成员、达官贵胄，或是神职人员、学院师生，或是有特定身份的市民，而非社会所有成员。公共图书馆的真正出现，是社会民主、公民权利、社会平等、信息公平等现代化人本主义观念逐渐走向成熟的标志。

19世纪中叶的英国最早具备这样的社会基础。1852年，在英国曼彻斯特建立了一座公共图书馆，它的创始人是英国的爱德华·爱德华兹，他被誉为"当代公共图书馆之父"。曼彻斯特公共图书馆是世界上第一个具有现代化意义的公共图书馆，它的出现是公共图书馆诞生的一个重要标志。1850年，英国下议院颁布了一项议案，授予当地对公共图书馆征税，这就是所谓"全球首部公共图书馆法"。曼彻斯特第一个成立了公共图书馆，第一位馆长是爱德华兹。可以说，公共图书馆是在现代公民社会建设进程中诞生的。

曼彻斯特国立图书馆的建立在当时并不是一件令人震惊的事情，甚至只有狄更斯参加曼彻斯特公共图书馆的揭幕仪式。但是，爱德华兹和曼彻斯特公共图书馆给后世公共图书馆留下了宝贵的精神和制度，为其后许多国家公共图书馆的成立以及《公共图书馆宣言》的诞生打下了基础。

在欧美国家，19世纪末到20世纪初是公共图书馆快速发展的一个重要阶段。在这段时间里，仅美国钢铁巨人安德鲁·卡内基就为美国、加拿大以及英国捐赠了 2500 多座公共图书馆，这使得公立图书馆得到了巨大的发展。此后，公立图书馆逐渐发展成为数量最多、藏书最多、服务最广的图书馆类型。今天我们所讨论的现代图书馆理论、理念和宗旨，都源于公共图书馆。

二、《公共图书馆宣言》的问世

在爱德华兹以后，杜威、普勒、谢拉等许多著名的图书馆学者和图书馆专家都对公共图书馆的理论与体制进行了深刻的论述。美国图书馆协会于 1929 年出版的《图书馆员伦理条例》和 1939 年出版的《图书馆权利宣言》，使公众图书馆的观念日益深入人心，并逐步被全世界的人们所认可。1948 年，《世界人权宣言》在联合国会议上通过，其中关于人人享有信息自由权利的主张，直接导致了《公共图书馆宣言》的诞生。

1949 年，联合国教科文组织的《公共图书馆宣言》的通过，向全世界文化界和图书馆界表明了对公共图书馆的基本立场。《公共图书馆宣言》重点阐明了三大理念：第一，公共图书馆是近代民主发展的结果，它是保障人民群众利益的理想模式；第二，要以法律形式保证公共图书馆的发展，完全或主要由公费支持；第三，为全体社会人士免费提供一视同仁的服务。《公共图书馆宣言》于 1972 年及 1994 年再度修正，虽然内容有所补充与修正，但其基本思想却始终不变。

《公共图书馆宣言》的颁布，对于公共图书馆行业来说，具有跨时代的意义。这是一个关于公共图书馆思想与理论的结晶，也是推动公共图书馆发展的重要参照，为促进和引导世界各地公共图书馆的发展做出了卓越贡献。《公共图书馆宣言》是在 1996 年北京举办了第 62 届世界图联会议后，才开始在国内图书馆界和各地广泛传播的。

三、中国现代公共图书馆事业的发展

中国第一次"新图书馆运动"兴起于 19 世纪末 20 世纪初，与世界潮流基本同步，也与国内大变革时代的洪流同起同落，如"戊戌变法"中创建了京师大学堂藏书楼，"清末新政"催生了各省官办公共图书馆和京师图书馆。这一时期奠定了现代中国公共图书馆事业的基础，并使其形成了良好的发展势头。

然而，中国的图书馆事业并没有因此步入正轨，反而经历了许多曲折。

民国时期是我国图书馆的发展与成熟时期，也取得了不斐的成就，但同时又遇到了一个多灾多难的时代。当时的兵燹战乱和政治动荡对图书馆的发展造成了不可逾越的阻碍，特别是日本侵华战争阻断了我国图书馆的正常发展。许多藏书家和有志之士虽然都有自己的真知灼见，但鉴于当时的形势也只是空悲叹。

中华人民共和国成立以后，我国的图书馆取得了很大的进步，并提出了许多社会发展政策。然而，受当时条件的限制，我国图书馆发展也不可避免地受到各种政治活动的严重影响。并且，这种闭门造车的发展策略，也逐渐脱离了国际社会发展的主流，国外的一些观念、方法和技术尚不为我国的图书馆工作者所熟悉，这对图书馆的发展产生了不利影响。

改革开放以后，我国图书馆事业迎来了一个新的复兴时代。同时，在我国的市场化进程中，也呈现出经营创收和"以文养文"的趋势，在办馆政策上也出现了混乱。

21 世纪初期，我国图书馆学界大力提倡的是图书馆的根本理念与核心价值观。同时，有些以"开放、平等、免费"为宗旨的城市图书馆，在"开放、平等、免费"的基础上，积极地进行了变革，克服了种种弊端，开辟了一条符合国际发展潮流的新型图书馆之路。

这种先进的思想和方法，最后发展成了行业的一致意见和国家的政策，其主要表现在两份重大的文件中。一是中国图书馆学会于 2008 年 10 月出版了《图书馆服务宣言》。该宣言的出台，标志着行业共识的形成。这是中国图书馆发展史上首次将现代化的思想传递给世界，并在业内产生了巨大的影响。这份"服务宣言"，其思想内容已超出了图书馆的工作范围，它所表达的是公共与公益、平等与自由、共享与合作、人文关怀等图书馆的核心价值观和职业理念，也体现了图书馆界在基本指导思想和政策方面形成共识。二是国家出台了《关于推荐全国美术馆、公共图书馆、文化馆（站）免费开放工作的意见》，这是国家制定的一项重要的政策和措施。2011 年 2 月，文化部和财政部联合下发了该政策。这一政府文件明确要求公共图书馆要确保公益和免费外放，从而使国家图书馆特别是公立图书馆进入免费开放时代。公共图书馆是公益型组织，其基础设施是公益化、普及化和均等化的。

正是这次由行业精英发起、自下而上的图书馆改革，让中国图书馆走向了一个新的方向。诚如有心人所说，中国图书馆在 21 世纪取得的最大成就，就是把图书馆精神和理念转化为国家的政策，并引导全国图书馆走向正确的道路。

第三节　图书馆在阅读推广中的作用

正如前面提到的，当今的社会阅读是一个非常广泛的观念。正襟危坐是阅读，街边浏览报纸是阅读，手机刷微博、看微信是阅读。全国范围内的阅读活动并非仅限于在各大图书馆。但目前仍应强调图书馆是全民阅读的主体，在全民阅读中肩负着独特的社会责任，履行着别人无法取代的历史任务。

图书馆在全民阅读中的功能主要体现在以下四个方面。

第一，从学理上讲，作为"天下公器"的图书馆，特别是公共图书馆，是以"人性化"为其核心精神的，具体而言，就是开放、平等、免费、政府创办、政府资助。这是曼彻斯特图书馆的首创，也是《公共图书馆宣言》的基本理念。具有以上特点的图书馆才是具有现代意义的图书馆，否则就不能称为现代图书馆。当今社会，人文关怀、人本主义和以人为中心的社会价值观念在现代图书馆得到了全面的反映。在这里，所有的公民都可以自由地学习，健康地成长。这些理念正是全民阅读的理论基础和社会根基。

第二，从历史发展的角度来分析，当代的图书馆特别是公共图书馆是人类社会发展到了一个特定阶段的产物，肩负着特别的历史使命。今天，我们要办一个图书馆，并不只是办一个机构。这是一种对社会的义务，一种对历史的承诺。图书馆比其组织自身更有其重要性，它赋予了每个人自由、平等、免费地获取和使用知识的权利，体现了知识的公平分布，并以此来维持民主与正义，向全社会宣示了现代民主、公民权利和平等为核心的现代民主理念。

这也是全民阅读产生的基本前提、中心内容和中心目的。

第三，从读书的角度来分析，它具有无可取代的功能。阅读的类型很多，但是我们仍应提倡深入学习的读书，通过阅读来系统地学习知识，"穷"则独善其身，"达"则兼济天下，即便是大众阅读、消遣阅读，也应该提倡多读、会读、读好书，只有有计划、有目的、系统地学习，才能产生健康的、有意义的文化生活。想要全面、深入、系统地学习，最好的去处就是图书馆。只有图书馆才能够提供全方位、系统的文献资源保障体系；唯有在图书馆，方可欣赏到整个人类文明的传承。没有一个社会组织在阅读功能上能够完全取代公共图书馆提供的阅读服务。

第四，从今后的发展趋势来看，随着科技的发展和网络化、数字化时代的发展，图书馆独特和不可替代的社会功能并没有因此而削弱。甚至，还会变得更加强大。图书馆所拥有的各类数据库，就像是馆藏的图书，是经过精心挑选、专门分类的，所以，它是最重要、最实用、最有价值的免费信息源。在现代社会，无论是日常的阅读，还是从事学术研究，都应首选数字化图书馆。目前，国内尚无一家机构具备这样完整的数字资源、这样系统的数字化阅览保障以及这样全方位的自由服务。

因此，在现代社会，图书馆是人们阅读学习场所的第一选择。

第四节　全民阅读与宣传阅读

实现全民阅读需要借助图书馆，阅读推广是推动全民阅读的重要途径。

推进全民读书是我国公共图书馆的根本使命，它反映了图书馆"以人为本"的根本宗旨和精神。

一、作为当前图书馆重要工作的阅读推广

在我国图书馆特别是在公共图书馆发展史上，存在着大量的阅读推广行为。中国100多年来的图书馆发展史，可以说经历了由闭关自守走向开放、由向少数人开放走向向全社会全面开放、由被动接受服务向主动提供服务的

转变。可以说，我国的公共图书馆在 21 世纪之后，基本上已经实现了前面两个阶段的任务：基本实现了全面、平等、免费地向全社会开放，已步入了第三个阶段，也就是全面推广阅读活动、积极向全社会推送公共图书馆服务的新时代。从某种意义上说，目前的图书馆推广工作既是时代发展的要求，也是图书馆发展的必然趋势。

图书馆的发展历程大致可划分为三个时期：一是传统的"外借""阅览"时期；二是提供参考咨询、信息检索等信息服务时期；三是集文献服务与资讯服务于一体的各类图书阅读推广活动时期，这一时期图书馆利用多种途径为读者提供资讯和信息服务。因此，阅读推广是一种新的发展趋势和新的工作方向。

当前，公共图书馆的阅读推广工作已经步入快速发展时期。各类阅读推广活动，如讲座、展览、读书会、演讲会、读书会、报告会、主题论坛、专题展览、新书报推荐、网络比赛、音乐欣赏、观看电影、参观、学术研讨、技术体验、科学普及等丰富多彩。许多图书馆建立了推广部门等相关机构，或是有专门人员从事图书推广活动。如果说以往图书馆阅读推广工作可有可无、可大可小，而目前，图书推广工作已成了图书馆的核心工作。

一些学者认为，图书馆未来的发展趋势中，"融合趋势"或者"全面发展趋势"应该是发展的主流。"融合趋势"和"全面发展趋势"是怎样的？简单地说，就是未来的图书馆不会再像以前那样，每天只是常态的借借还还、看摊守点，必须全方位地进行改革，必须从事与传统图书馆不同的工作，以及一些看起来像是其他部门所从事的工作。它既是图书馆，还是资讯中心、信息集散中心、学校、展览馆、博物馆、音乐厅、文化讲坛、影视厅、新书推介中心、学术交流场所、新技术体验中心等，从而使图书馆的服务内涵更加充实，更加完善，更好地发挥其作用。这样的"融合趋势""全面发展趋势"，主要是通过阅读推广工作来实现的。

二、图书馆宣传工作的重点

图书馆阅读推广工作主要有以下几个方面：

（一）引导

针对没有阅读兴趣的读者，图书馆将以丰富多彩的形式开展阅读推广，使读者体会到阅读的魅力和快乐，并且逐渐养成阅读的习惯。

按照朱永新的说法，中国大陆人均年阅读量只有 4 本，而以色列则有64 本。就拿深圳市来说，深圳建成了"图书馆之城"，拥有大大小小的图书馆 630 多座，平均每 2.5 万人拥有一座图书馆，所有图书馆都是免费的，连工本费都是免费的，而且一年到头都免费，就算是假期也是一样。此外，图书馆是 24 小时开放，这在世界上都是很少见的。然而，深圳市民中图书馆办证率却只有 10%，而美国图书馆办证率平均为 65%，其中洛杉矶市图书馆办证率达 80%。中国香港仅有 80 所公共图书馆，但其图书馆办证率却达 50%。究其根源，是因为大陆许多市民没有阅读的习惯和愿望，因此，有些人感叹深圳是图书馆之城而非"阅读之城"。"图书馆之城"建设很简单，但创建"阅读之城"却很困难。这也是当前图书馆开展阅读推广要完成的一项任务。

（二）训练

目前，在我国图书馆的读者中，有很多是愿意阅读却缺乏阅读能力的人，如少年儿童、青年学生，以及由于种种原因而丧失了继续学习机会的人，图书馆的阅读推广能让他们学习如何阅读。

（三）帮助

在图书馆的读者中，还包括了阅读困难人群，即图书馆的特殊服务人群。对于公共图书馆而言，这一类人群包括残障人士、阅读障碍症患者等；对学校图书馆来说，主要是缺少阅读能力和判断力的低年级学生。图书馆要对他们的阅读提供帮助，而在此过程中，最好的办法就是对读者开展阅读推广活动。

（四）服务

传统图书馆服务对象主要是那些拥有良好阅读技能的人，也就是高水平的读者。图书馆的阅读推广为广大读者带来了更多的方便，也为读者提供了更多的阅读方式。在高校图书馆中，要指导大学生们在专业基础上多接触一些非专业知识，以拓宽他们的知识范畴。

第三章 我国图书馆阅读推广历史、现状和发展

第一节 国内图书馆阅读推广发展历程

一、国内图书馆阅读推广研究的理论无意识（20 世纪 90 年代中期以前）

如果从图书馆界开始直面"公共图书馆是否应该鼓励小说阅读"的问题算起，阅读推广研究的历史可以追溯到 19 世纪后半叶。英、美等国的图书馆致力于融教化功能于"阅读活动"之中，热衷于研究图书以保证图书馆尽可能收藏"好书"。英国图书馆学家杜威提出的"以最小的成本将最好的图书提供给最多的读者"是极具代表性的观点。20 世纪早期，另一种思潮也悄然出现。美国图书馆的工作人员开始重视图书的流通率，由于流通率的压力，图书馆业也渐渐改变了对大众消遣性的看法，并对馆员干预读者阅读的正当性、权威进行了反思，认识到了要尊重读者的阅读自由。

而在我国，随着近代图书馆的出现，民国时期已有有识之士认识到图书馆阅读与教育的重要性，把图书馆看成普及文化、向广大民众进行社会教育的有力阵地。

1936 年，俞爽迷发表于《中华图书馆协会会报》第 12 卷第 5 期的《图书馆与社会教育》是体现那个时代图书馆精神的重要文献。由于当时的民众对图书馆知之甚少，因而图书馆学家们还在图书馆推广方面下功夫，在文华图书馆专科学校的校刊上有不少学者讨论图书馆宣传的方法、吸引民众来图书

馆阅读的思路等。

其后的战乱与政治因素导致我国图书馆界的相关研究处于相对停滞的阶段。直到 20 世纪 80 年代，我国学者开始关注阅读，对阅读的本质、心理、动机、过程、类型、生理机制、方法等进行探讨。

到 20 世纪 90 年代初，曾祥芹、韩雪屏在《阅读学原理》（1992）一书中首次提出了四体合一（阅读本体是阅读主体、客体和介体的辩证统一）学说，是我国阅读理论的重大突破。而高校图书馆学界的王余光、徐雁一直比较注重阅读文化及阅读史的研究，两人于 1993 年主编了《中国读书大辞典》，此书的问世标志着我国的阅读研究进入了社会学与文化学领域。

整体而言，在 1995 年以前，我国图书馆学界虽然开始对阅读进行研究，但一般不认为阅读推广是一种独立的图书馆服务，而是将它当成图书馆宣传、营销或新书推荐的方法之一，阅读推广没有相应的理论支撑，处于无意识阶段。

二、国内图书馆阅读推广研究的萌芽（1995—2005 年）

1995—2005 年这十年可以看作我国图书馆阅读推广研究的萌芽阶段。

以 1995 年联合国教科文组织对"世界读书日"的确立为标志，全民阅读活动在全球范围内逐渐兴盛。1997 年，中宣部、文化部、原新闻出版总署、中华全国总工会、共青团中央、全国妇联等九个部委联合发出《关于在全国组织实施"知识工程"的通知》，我国的全民阅读活动发展起来，学界开始出现少量以"全民阅读""大众阅读""社会阅读"等为关键词的、针对当时开始兴起的全民阅读活动的讨论与总结，内容还兼及全民阅读面临的主要障碍分析等，形式主要为信息报道及论文。但尚未有以"阅读推广"为主题的论文发表。

此阶段，图书馆学界更加关注图书馆权利、图书馆精神、图书馆核心价值、公平服务之类的话题，多少忽略了对阅读的研究。

世纪之交，我国图书馆学界精英开始撰文介绍国际上的图书馆理念，倡导图书馆的基本精神和回归图书馆的核心价值。2000—2002 年，李国新陆续发表数篇关于"图书馆自由"的论文，"图书馆自由权利"的概念首次进入中国学者视野；2002 年，范并思、关建中等人提出要发展图书馆核心能力；2003 年，蒋永福提出图书馆职业的核心价值是维护知识自由等；2004 年 12 月，时任湖南图书馆馆长的张勇首次倡议发起"21 世纪新图书馆运动"，随后《图书馆》和《图书馆建设》分别开设"22 世纪新图书馆运动论坛"和"走向权利时代"的专栏，引发了学界的讨论。

第二次"新图书馆运动"，以弘扬图书馆精神、缩小数字鸿沟和捍卫民众的图书馆权利为宗旨，倡导公共图书馆免费、开放、包容、平等的基本精神和回归图书馆的核心价值。这些讨论初步描绘出了我国的现代图书馆理念，推动了我国图书馆阅读推广理念的起步。

自 2004 年起，图书馆界学术期刊中开始出现阅读研究专题，如《图书馆情报和知识》2004 年的"阅读文化研究"专题和 2005 年的"网络阅读"专题等。

第二节　国内图书馆阅读推广的现状

我国学界虽然从 2006 年便开始关注阅读，但至今仍未真正意识到阅读推广的重要作用，对于阅读推广的研究也较为薄弱。中宣部、中央文明办、新闻出版总署、文化部、教育部等 11 个部委于 2006 年 4 月联合发布了《关于开展全民阅读活动的倡议书》；同月，标志着我国图书馆学界学术地位正式确立的中国图书馆学会科普与阅读指导委员会（2009 年更名为阅读推广委员会）诞生。

自此，在各级政府的指导下，全国各地都如火如荼地开展了全民阅读活动，关于全民阅读和社会阅读的相关学术论题研究也逐渐深化，阅读推广理论在学者不断地研究和实践中日益完善，研究的广度及深度也逐步拓展和深入，并集中产生了一些研究热点，重要课题、著作开始涌现。

一、论文数量不断攀升

2015 年 4 月 24 日，以篇名包含"阅读推广"、时间限定到 2014 年进行检索，于中国知网中国学术期刊网络出版总库中查询到 976 篇期刊论文，于中国知网中国优秀硕士学位论文全文数据库查询到 16 篇学术论文。这些论文的作者主要是图书馆学界、业界人士，内容也多为图书馆界的阅读推广。可见，图书馆作为阅读推广的中坚力量，在阅读推广的理论与实践研究中都起着主力军的作用。

经过调查发现，论文发表数量与年份是显著相关的，大致可分为四个发展阶段：2005 年以前未有相关论文发表，处在萌芽阶段；2006—2009 年为起步阶段，自中国图书馆学会科普与阅读指导委员会成立后，业界开始研究阅读推广、陆续有零星的数篇论文发表，但在阅读领域更为关注全民阅读、社会阅读等概念，肖永英、陈永娴于 2006 年发表的《阅读推广计划——深圳市社区图书馆的发展机遇》一文是国内图书馆界首篇以"阅读推广"为名，对阅读推广活动开展研究的论文；2010—2012 年为稳步发展阶段，2010 年的论文量超过了 2006—2009 年的总量，2011 年起更是翻倍增长，表明图书馆界逐步重视对阅读推广的研究；2013 年至今为高速发展阶段，论文数量增长迅速，图书馆界对阅读推广研究的关注程度显著增加。同时，随着新技术、新媒体的兴起，阅读推广研究的内容、形式都呈多样化发展。

二、重要课题开始涌现

从国家及地方的各级科研立项单位设立的大量阅读推广相关科研课题中不难看出，国家与社会对于阅读的重视与日俱增。在这些课题中最有代表性和权威性的是全国社会科学规划办公室管理的国家社科基金项目课题。

研究发现，图书馆对社会弱势群体知识援助的相关课题出现于 2005 年，2010 年之前研究中虽有阅读推广相关内容，却并未有以此为名的课题，直至 2010 年出现的"图书馆的阅读推广活动调查研究"课题。而到了 2013 年，阅读推广的相关课题破天荒地达到了 9 个之多，内容涵盖全民阅读活动、数字阅读、青少年阅读、老年人阅读，以及对少数民族、阅读障碍人群服务的研究等。

三、国内国书馆阅读推广研究的主要内容

2006 年，我国的阅读推广研究进入日渐充实阶段，研究内容涉及阅读推

广的各个领域，大致有阅读推广基础理论研究、阅读推广实践研究、数字阅读推广研究；而针对阅读推广的不同群体，又有未成年人阅读推广、弱势群体阅读推广等研究。目前，图书馆阅读推广研究的成果较多，本节仅就其主要内容进行概括介绍，并列举较具代表性和影响性的重要著作及少量论文加以说明。

（一）阅读推广基础理论研究

阅读推广的基础理论包括阅读推广是什么、为什么要阅读推广、推广什么、向谁推广等问题。目前，我国图书馆界对阅读推广基础理论的研究还相对缺乏，还未构建起系统的理论体系。

研究阅读推广基础理论问题的主要学者有范并思、李超平、吴晞等，他们不断推动阅读推广研究走向图书馆学的主流领域。

从 2010 年开始，范并思先后出版了几本专著，如《图书馆学与阅读研究》《阅读推广为什么》《阅读推广的理论自觉》《阅读推广与图书馆学：基础理论问题分析》。他的第一个论点："图书馆学应以社会文化和文化传播为中心，更多地参与到大众的文化活动中去，探讨其对图书馆的需求，以及如何促进社会文化的发展。"本节提出了当代图书馆的阅读与其核心价值观之间的关系，以提高大众的阅读能力作为其主要作用，进而提出了"为何要进行阅读推广"这个问题，并提出了其实质上是"服务对象"问题。四个主要目的：①寻找不想读书的人；②培养那些愿意读书却不会读书的人；③协助有障碍的读者阅读；④对识字的读者进行阅读训练。从阅读与阅读行为与阅读文化的研究、阅读推广的基本问题、阅读推广与阅读的实践问题等几个层面来论述阅读推广的基本问题。在阅读推广的理论特点上，主要表现在广告的属性定位、目标人群、服务形式和价值观等方面。

李超平将阅读推广的主要对象锁定在未成年人，就阅读推广的方法进行讨论，进而从阅读推广中的专业性话语体系视角进行了探讨，阅读推广的专业性话语体系包括"为何阅读""何时开始阅读""分级阅读"与"快乐阅读"等方面。

此外，在图书馆行业内，也有图书馆馆长及相关从业人员关注推广的基础理论问题，例如深圳图书馆原馆长吴晞在第一次全国读书推广峰会上发表的主题演讲《阅读推广理论与实践的若干问题》中，以"关于图书馆阅读自由问题的争议""阅读推广在图书馆学和图书馆工作中的地位和作用"为主题阐述阅读推广的理论问题。他认为，阅读推广是当前的发展趋势，他从阅读推广是图书馆的根本任务、阅读推广是图书馆历史发展的趋势、阅读推广是图书馆生存发展的需要、阅读推广是社会阅读的需要等四个层面论述了图书馆开展阅读推广的必要性。

另外，阅读推广与阅读自由的关系问题也引起业界的讨论。张彬认为，在图书馆的阅读推广工作中，"教育派"与"中立派"之间始终存在着分歧，而这一观点的差异，在人类的教育学发展史上有其深厚的哲学基础，从而产生了图书馆阅读推广的各种理论。"教育派"主张通过阅读来启发人类智慧，宣扬知识与伦理；"中立派"主张图书馆客观公立和读者的自由阅读。而阅读推广不但推荐、指定读者的阅读内容，而且读者的阅读行为也受到了一定程度的影响，因此，其合理性问题就成为了图书馆员进行阅读推广的困境。

2013 年，学界掀起一场关于图书馆藏书与阅读自由的"人有好恶，书无好坏"的论争，虽然这场争论的出发点是图书馆藏书，其实质却是阅读。程焕文、吴晞、李超平、蒋永福、刘洪辉、俞传正、褚树青、宋显彪等学者都对此撰文提出了自己的见解，就阅读自由形成共识，认为阅读推广与知识自由并不冲突。

（二）阅读推广的实践研究

1.阅读指导

我国学者在阅读指导领域的研究成果数量颇丰，多以阐述阅读指导的内容、方式或概谈阅读指导工作的现状及其对策为主。如中国台湾大学的陈书梅提出，公共图书馆的阅读指导服务应是"知书"与"知人"的服务，即馆员针对读者个人特征与特殊需求主动建议适合的阅读素材，可包括读者咨询顾问服务与书目疗法服务两种类型。随着网络时代的到来，还有学者提出要拓宽导读理念，为大众提供网络导航，建立书评数据库，将传统导读与网络导读并重。不过这些论文面对的多为图书馆从业人员，而阅读指导本身应是以"读者"为中心，目的在于指导大众阅读。

针对这一局面，中国图书馆学会阅读推广委员会自 2006 年成立后，就整合高校图书馆学界及公共图书馆界资源，陆续主持编纂了三套阅读指导类丛书："书与阅读文库"第一辑七册、"中国阅读报告丛书"第一卷三册及"阅读推广丛书"五册。这三套丛书皆为全彩插图本，面向普通大众及图书馆员，内容或为书目推荐，或为阅读知识、方法等的普及。这些书籍的出版表明，图书馆界的阅读指导不再局限于图书馆建筑的范围内，而是开始跳出自己的圈子，面向全社会民众进行普及与推广阅读。

2.国内外阅读推广经验介绍及案例分析

近些年，全国各地的图书馆都开展了广泛的图书推广活动，并收到了良好的效果，同时还出版了大量的研究论文，主要以总结经验的居多。广东和江苏的阅读推广工作比较活跃，有不少论文聚焦于东莞、深圳、中山、佛山、苏州、南京等城市图书馆开展的阅读推广工作。比如陈水娴介绍了深圳市福田区图书馆的阅读推广项目，王缨缨从汕头市图书馆的社会读书活动出发，探讨基层图书馆的阅读推广模式；江少莉和杜晓忠结合苏州实际情况，对公共图书馆开展多元化的、多方合作的阅读推广，构建一个新的城市阅读环境等问题进行了讨论。

国外的阅读推广活动起步早、影响力大，其中有很多可供我们借鉴的成功之处。目前，国内已有不少学者撰写论文介绍美国、英国、日本等国家在阅读推广工作中取得的成绩。陈颖仪就美国阅读推广经验进行了归纳：有政府的扶持，有专家的引导，有多方面的协作，有全面的宣传，还有就是家庭与社会阅读观念的培养。秦鸿全面考察了英国地区图书馆的阅读推广经验，介绍了其纲领性文件《未来的框架》、"读者发展"的阅读推广理念，以及一系列具有代表性的阅读品牌活动等。中国港澳台地区的阅读推广活动受欧美文化的影响比较早，大陆也有不少学者做过相关的研究，比如师丽娟的《港澳地区阅读推广活动介绍及启示》，曹桂平的《关于台湾地区阅读推广活动的思考》，这些都是较早出版、影响力较大的作品。

此外，还有学者就中外阅读推广进行比较研究。如王翠萍和刘通的《中美阅读推广比较研究》主要介绍了中美两国的文化交流发展情况，并从文化方面分析了两者的差异；河南科技大学李晓敏的硕士学位论文《中外图书馆阅读推广活动比较研究》对美国、英国和南非国家的图书馆从行政制度、法律、法规、资金投入、政府支持等几个角度探讨了其阅读推广状况，并从中外比较入手，对导致我国国民阅读水平低的原因进行了剖析，并提出了相关对策建议。

在国内图书馆开展阅读推广工作的同时，图书馆学会及各图书馆也开始组织和征集阅读推广的案例，并将其编撰出版，在有关的学术研讨会上进行交流和发布。例如 2012 年读书与推介研讨会上发表的《阅读推广交流案例汇编·2012》，中国图书馆学会在 2013 年年度会议"读书点亮人生——社区与农村读本推介会"阅读分会场发布的《阅读点亮生活——社区与乡村阅读优秀案例集》等。

从 2011 年开始，图书馆业界陆续发表了图书馆服务案例集，其中大多数都是以阅读推广为主。比较典型的是吴晞和肖容梅两位编著的《公共图书馆读者服务案例》，本书从服务方式和管理机制、参考借阅服务、阅读活动宣传与推广、数字服务、新技术应用、未成年人服务、残障人士服务等 9 个方面对 60 多个读者服务案例进行了分类，并在每个个案后面附上了一份分析评论。另外，《图书馆服务案例研究》《阅读推广：理念·方法·案例》《杭州图书馆服务品牌建设实践》也收集了国内外的许多优秀图书推广案例，为今后的图书馆的阅读推广工作提供了有益的借鉴。

3.阅读推广的方法、策略、模式研究

在国内，早期阅读推广研究的主要是方法、策略、模式等方面的问题，这些都是当前许多学者关注的问题，成果较多，其中以崔波和岳修志的论文《图书馆加强阅读推广的途径与方式》为代表，本文通过对当前图书馆阅读推广的状况和存在的问题进行分析，指出图书馆加强阅读推广工作的模式：由阅读推广委员会组织开展阅读推广活动，各级图书馆开展阅读推广工作，学者加强阅读心理学与行为的研究。

另外，近几年出现了大量的关于大学图书馆阅读推广的访谈和调查，并对其模式和策略进行探讨的论文。胡大敏等以吉林省八所大学为例，载体媒体视域下高校图书馆的阅读推广工作；郭文玲对大学图书馆的阅读推广策略进行探讨；吴高和韦楠华就当前高校图书馆开展阅读推广工作方面的问题和策略进行了探讨。

自 2010 年以来，图书馆领域也出版了许多有关阅读推广的专著。既有关于阅读推广方法、策略和模式等实务方面的书籍，也有把阅读推广提升到理论层面，将理论与实践相结合的书籍。

近年来，随着讲座越来越多地被作为图书馆阅读推广的一种主要手段，一些专门研究图书馆讲座的专著应运而生。例如，在 2011 年，佛山图书馆和厦门图书馆分别组织了《基层图书馆公益讲座》和《知识·分享——图书馆公益讲座的品牌创建与培育》，两本专著都具体阐述了讲座的策划、组织、宣传、延伸服务等内容。徐雁主编的《全民阅读推广手册》《全民阅读参考读本》姊妹书、赵俊玲等主编的《阅读推广：理念·方法·案例》、李超平的《公共图书馆宣传推广与阅读推广》等都是介绍阅读推广理论及实践的重要专著。这些图书都是从理论与实践两个方面对阅读推广进行了比较全面的探讨，但是在内容上更多的是注重于实操方面，其理论深度还需要进一步提升。

（三）未成年人阅读推广

从 2010 年起，未成年人阅读推广工作受到了更多的关注，论文数量呈现线性增长的态势，并且其研究的范围越来越大，理论与实践相结合的研究成果日益丰富，已是当前图书馆界新的研究热点领域。这些研究的内容包括青少年的阅读推广、国外和中国港台地区未成年人的阅读推广，以及亲子阅读、分享阅读、图画阅读等新的阅读方式。

未成年人阅读推广实践研究涉及未成年人阅读推广策略研究、主题研究、对象研究、方案、方法、模式以及推广的状况和策略等。正因为如此，丁文祎通过对中国未成年人的读书现状的剖析，总结了中国公共图书馆和少儿图书馆开展的各类未成年人阅读推广活动，并列出了一些具有代表性的活动案例，并对中国图书馆阅读推广的重要性进行论述。朱淑华对目前我国公共图书馆开展未成年人阅读推广活动中遇到的问题和对策进行了剖析。

此外，还有多篇关于国外和中国港台未成年人阅读推广方面的研究，介绍世界各地和中国港澳台的阅读推广的案例和效果、先进的服务理念、经验和模式，并与国内对比分析的论文。涉及的国家主要有美国，英国、德国、日本、俄罗斯。例如，李慧敏对英国"BOOK 阅读起步走运动"、美国"Born to Read"计划、德国"阅读测量尺"活动等三个案例进行了剖析。张慧丽就美国相关活动的具体做法和成效进行了阐述。周樱格指出，日本民众十分关心图书馆的发展，以新意、诚意、爱心来开展图书推广活动，把少儿阅读推广放在第一位。另外，也有人将视线投向了以图画为媒介促进未成年人的阅读推广活动。2010 年以后，有关早期阅读和绘本阅读的论文数量不断增加，更多的是从实际出发来讨论阅读推广的重要性、方式等。陈亮对少儿绘本的特征进行了剖析，并对目前少儿绘本的问题进行了讨论，并就图书馆如何做好绘本阅读推广工作进行了探讨。蔡思明以广州、合肥和江阴为个案，对我国公共图书馆的绘本阅读推广进行了初步探索。而具有代表性的著作有《亲子阅读》《悦读宝贝》《共享阅读》《绘本阅读》及《阅读创意互动：绘本阅读推广的多元化策略》《绘本阅读时代》等。

　　《亲子阅读》是为 0—12 岁孩子家长提供的一部读书指南，《悦读宝贝》为 0—3 岁幼儿的家长提供参考，《共享阅读》则侧重于分享阅读，而《绘本阅读》则是以儿童阅读服务为基础，向大众普及绘本阅读。《阅读创意互动：绘本阅读推广的多元化策略》是广州图书馆对三年来开展的关于少儿阅读推广实践与经验的总结。全书分为上、中、下三篇。上篇介绍了绘本的基础和推广、亲子读书会的组织与管理等内容，更是重点分析了公共图书馆绘本书阅读推广的策略；中篇详细阐述、分析和总结了广州图书馆在实施儿童绘本阅读推广方面一套经典实例；下篇内容为公共图书馆绘本书阅读推广的制作与案例，强调通过"绘"来制作手工"绘本"。该书并不局限于对绘本的理论探讨和阐释，而是注重以实际操作和案例为依据，对图书馆绘本的阅读推广案例进行详尽、形象地阐述和剖析，尤其是"绘本 DIY"、手工绘本书的创作，更是别出心裁。

　　另外，还有详细介绍图书馆未成年人相关服务方面的专著。如 2011 年出版的《公共图书馆的未成年人服务研究》，2012 年出版的《公共图书馆未成年人服务》。这两本书的名称都是"服务"，但都涉及未成年人阅读推广方面的内容，都论及未成年人服务的理论、政策、历史、现状及基本要素。相比较而言，《公共图书馆的未成年人服务研究》侧重于理论，《公共图书馆未成年人服务》侧重于实践，两者结合，可以说是对我国公共图书馆未成年人服务理论与实践的系统归纳和升华。

（四）弱势群体的阅读推广

根据国际图书馆协会的分类，特殊群体分为青年群体、政府群体和脆弱群体。关于图书馆如何为弱势群体提供服务的问题，我国图书馆界已有所关注，2001 至 2010 年 10 年间，有关图书馆为弱势群体服务的文献达 300 多篇。北京大学王子舟教授一直关注图书馆弱势群体服务问题，曾参与撰写多篇相关论文，并负责 2005 年国家社科基金重点项目——"弱势群体知识援助的图书馆新制度建设"，与其学生肖雪共同完成的《弱势群体知识援助的图书馆新制度建设》一书于 2010 年出版。本书论述的弱势群体包括残障人士、老年人、农村贫困人口、农民工及其子女、网瘾青少年等，分上、中、下三篇。上篇"理论研究"主要对弱势群体的知识救助理论进行论证和阐述；中篇的"实践探讨"部分，在对理论进行探讨的基础上，探寻对社会弱势群体进行知识救助的途径；下篇"调查报告"是对弱势群体认知水平及图书馆利用情况的社会调研结果的汇总。它是一本理论与实践相结合，同时也有现状研究的专著。针对弱势人群中老年读者阅读推广问题的相关文献很少见，而肖雪和牛秀荣则是这方面的主要著者。肖雪于 2010 发表《促进老年人阅读的公共图书馆创新研究》，从理论与实践两个层面对老年读者的阅读进行了深入的调查，并结合典型案例、实地调研等对城市老年读者的阅读进行了系统的调查，并从宏观层面、中观层面对老年读者的具体举措进行了一些有益的探索。肖雪主持了全国社科基金课题——"图书馆促进老年人阅读的创新研究"的研究，对老年人阅读状况进行了专项问卷调查。牛秀荣等参与的 2013 年度河北省社会科学发展研究课题"河北省老龄读者阅读服务保障研究"的相关成果也主要通过问卷调查与访谈的方式，提出推动老年人阅读服务保障体系建设的方法策略。

近年来，残障人群的阅读推广受到了越来越多的关注，从国家的社科项目到省部级项目，都有专门的项目。中国国家图书馆陈力副馆长主持的"图书馆面向残障人士的服务模式与规范研究"是 2013 年国家社科基金重点项目，说明从国家层面对残疾群体阅读推广工作有了很高的重视。华南师范大学的束曼教授主持的国家社科基金一般项目"公共图书馆为阅读障碍人群服务的理论、方法与对策研究"，以阅读障碍人群为研究对象，为我国图书馆学界所不熟悉的领域提供了新的视角，具有重要的现实意义。深圳图书馆陈艳伟主持的 2011 年科研课题"视障读者的信息需求与服务策略研究"和广州图书馆谭绣文主持的 2012 年科研课题"数字阅读在视障服务中的应用研究"则是广东省文化厅连续两年对视障群体服务进行的专题立项研究课题。在论文研究方面，图书馆界主要侧重于视障读者，其他残障类型触及较少，内容上主要侧重于视障服务和数字阅读方面：视障服务侧重于分析服务现状、存在问题、视障活动的开展、视障志愿者和未来发展策略等方面；视障数字阅读侧重于新技术的应用、盲人电脑培训、视障专题网站建设等方面。关于残障群体阅读推广方面的论文很少见，而 2013 年出版的《面向残疾人的数字图书馆服务》一书，则从数字化图书馆的视角分析了残障人士阅读服务，并就目前国内图书馆的相关理论和早期的工作经验进行了剖析。

（五）数字阅读推广

国内学者对网络阅读的探索可以追溯到 1997 年，2000 年以后逐渐成为研究热点。随着移动互联网的崛起，从 2008 年起，移动阅读逐渐成为新的研究热点。国内数字阅读研究关注的主要问题包括网络与移动阅读的内涵与特征、行为模式等基础理论，以及网络与移动阅读指导、服务推广等应用研究。

在数字阅读推广理论方面，学者们主要对网络与移动阅读的定义、特点、行为模式、与传统阅读的关系等基础理论问题进行探索。目前国内关于数字阅读尤其是移动阅读行为的分析成果较多，且以高校大学生作为主要研究对象。网络阅读与传统阅读的关系研究主要通过比较研究探索网络阅读带来的阅读环境、阅读方式、阅读思维模式、阅读心理认知等方面的变化。

在数字阅读推广应用方面，学者们主要围绕数字阅读技术与系统开发、数字阅读指导与服务推广、数字阅读推广策略与模式等问题展开研究。王文平、张青等研究了图书馆对读者网络阅读进行指导和服务的策略，包括加强馆藏类数字阅读资源的建设，对读者网络阅读进行培训与指导，加强与读者的沟通，有效监管网络信息资源，通过多种活动与平台开展服务等；谢蓉、张丽认为随着数字阅读的兴起，新一代的图书馆要大力推行"2.0"，比如与读者互动、OPAC2 和"豆瓣"的双向交互、大量的数据和一次检索、大量 Web2.0 的应用，以及利用地区图书馆的共享等。谢蓉还归纳出了三种在数字化时代具有代表性的图书推广模式：社交媒体推广模式、电子阅读机模式以及手机旧书店推广模式。

第三节　国内图书馆阅读推广的展望

一、图书馆阅读推广发展态势

阅读作为一项全球战略与国家战略，得到了各国政府的响应。美国、英国、德国、俄罗斯、日本、新加坡等阅读水平较高的国家，都把阅读当作一项重大的国家策略，并在全国范围内开展了一系列的宣传和推广活动。我们国家的党和政府对全民阅读给予了高度的关注。2009 年"4·23"世界读书日，时任国务院总理温家宝在视察国家图书馆时深情地说道："我愿意看到人们在坐地铁的时候能够手里拿上一本书。因为我一直认为，知识不仅给人力量，还给人安全，给人幸福……书籍是人类智慧的结晶、读书决定一个人的修养和境界，关系一个民族的素质和力量，影响一个国家的前途和命运。一个不读书的人、不读书的民族，是没有希望的。"习近平在 2009 年 5 月举行的中央党校第二期进修课和专题培训班开幕仪式上指出，领导干部要爱读书、读好书、善读书，积极推进学习型政党和学习型社会建设。党的十七届六中全会提出了"深入开展全民阅读、全民健身活动"，党的十八大报告明确提出要开展全民阅读活动。2014 年 3 月 5 日，时任国务院总理李克强做《政府工作报告》，首次将"倡导全民阅读"列入《政府工作报告》。

近些年，我国各级政府都在大力推动全民阅读活动，"全民阅读促进条例"被提上了立法议程，全国人民代表大会十二届一次会议审议通过的《政府工作报告》，强调要把全民阅读活动不断推向深入。据不完全统计，目前在国内已有400多个城市开展了读书日、读书节、读书周、读书月、读书季活动，各级政府已经把阅读推广活动作为城市发展战略的重要组成部分。

同时，积极开展阅读推广活动也是整个社会的普遍认识。进入21世纪，公共图书馆建设迎来了大发展时期，各地纷纷兴建大型的功能完善的公共图书馆，以满足市民日益增长的多元化阅读的需求。根据文化部统计数据，2012年，全国已有县级以上独立建制的公共图书馆共3076个。目前，各类图书馆已逐渐形成了以"阅读推广"为核心的服务模式，成立了阅读推广部门，同时还应加大对馆员的培训，致力于组建一支专门团队来开展阅读推广。而在民间也涌现出大量的读者群体，形成了一股不容忽视的社会推广力量。在新的历史条件下，互联网和新技术的发展与进步、出版业的兴盛，给读者提供了一个多样化、开放性的阅读好时代。

二、图书馆阅读推广中存在的几个问题

从1999年至2005年，全国的读者数量出现了持续下滑的态势，直到2006年全国阅读推广活动开展以来，这一现状才有所好转。根据中国新闻出版研究院开展的"第十次全民阅读调查"，2012年中国18—70岁人群的总体阅读率为76.3%，较2011年降低了1.3个百分点。资料表明，18—70岁的人口中，未进行任何读书活动的占23.7%。目前我国国民的总体阅读状况不容乐观，与构建"学习型"的目标还存在不小距离。

网络和新技术对阅读的影响是空前的，信息爆炸时代、广告读图时代的到来，带来了一系列问题，如海量的垃圾信息、无边的漫游网络、阅读的碎片化、功利性阅读等。因此，在学术上出现了"浅阅读"和"深阅读"，以及"网络阅读"和"经典阅读"的争论。

看似繁华的图书市场，也暗藏着阅读的隐忧。图书的市场化、功利性阅读、娱乐化阅读等因素，导致大量缺乏正确价值观与导向且粗制滥造的劣书泛滥出版，如何从如过江之鲫的海量图书中筛选出好书来读，尤其是引导成长中的青少年读好书，是每一个阅读推广人的使命与任务。

如火如荼的全民阅读活动的开展，带来了阅读推广事业繁荣的气象，但一些轰轰烈烈运动式的阅读、热热闹闹节日般的狂欢，使活动的规模效应大于效益影响。如何能使活动具备长期发展规划，有效持续开展，树立品牌意识，完善评估机制，贴近百姓的现实生活，使之形成良好的阅读习惯，塑造学习型人生，进而提升全民族素质，是一个值得深入研究与思考的课题。

三、图书馆阅读推广的未来发展战略

（一）健全政策法规保障体系

完善的法律和政策保证制度，将会在今后一段时间内持续、高效地推进阅读推广活动的实施。阅读立法不是中国的特色，美国、日本、俄罗斯等国家在阅读推广立法方面都是非常成功的。美国于 2001 年颁布的《不让一个孩子落伍法》确定了让每个孩子都必须接受良好教育的目标。日本于 2001 年颁布了《儿童读书活动推进法》，将每年的 4 月 23 日定为"儿童读书日"。俄罗斯于 2012 年制定《民族阅读大纲》，要求制定一项关于出版、运输和传播儿童书籍方面的国家法规，以鼓励作家为少年儿童创作图书。

我国于 2011 年发布《新闻出版公共服务体系建设"十二五"时期规划》，2012 年发布《国家"十二五"时期文化改革发展规划纲要》，2013 年发布《全国公共图书馆事业发展"十二五"规划》，制定全民阅读中长期发展规划。各地纷纷发布了相应的政策，比如湖北省 2012 年发布了《关于开展全民阅读活动建设学习型湖北的意见》，2013 年广东省发布了《广东省深入开展全民阅读活动的实施意见》，2013 年江苏省发布了《关于加快推进书香江苏建设的意见》，这些都是从地区层面推进全民阅读。当前，我国已经将阅读立法纳入了立法日程，各地也加快拟议推进全民阅读的法规。2015 年 1 月 1 日，江苏省第十二届人大常委会第十三次会议批准了《江苏省人民代表大会常务委员会关于促进全民阅读的决定》。这是全国首个推进全民阅读的法规。

（二）建立有效工作运作机制

上下贯通、联动各方的行之有效的运行体制，是顺利开展阅读推广活动的先决条件。比如日本，它推行了一项"举国体制"的阅读推广运动，这就是，由政府主导、发起、立法、规划、筹资；以图书馆为轴心推进实施，社团组织积极参加等。因此，"读书周""儿童读书日""国家读书年""晨读运动"等都具备了一定的法律性和计划性，能够在全国范围内推广，并得到广泛的宣传和发动。而现在，国内缺乏一个统一的组织系统，各个行业都是各司其职、各自为政，不能发挥整体作用。

深圳市读书月组织委员会的设立，提供了一个地方政府推进阅读推广活动的范例。每年的读书月活动期间，深圳市政府都会集结新闻出版、媒体、图书馆、学校、行业协会、民间组织等，联合举办各种大型的阅读推广活动。但这只是一座城市开展的活动，无法推广到全国。中国图书馆学会图书馆协会阅读推广理事会的建立，汇集了来自全国图书馆、教育界、出版、传媒界等多个领域的专业人士。但是，由于受到业内机构的限制，在运作过程中，始终无法克服行业障碍，无法全面而深入地开展工作。只有建立有效运作的工作机制，才能形成社会合力，共同推进全民阅读。

（三）构建全民阅读建设评估指标体系

可以毫不讳言地说我们已经进入了一个阅读的好时代，当前全民阅读盛行，阅读推广活动持续更新；而如何科学、客观地评估一项阅读推广活动有没有价值，有没有可借鉴的地方，目前无章可循，这样大大制约了全民阅读的健康发展，也造成学科研究和具体工作上的缺陷和空白。因此，如何建立健全国民读书的评估指标，成为目前我国阅读推广工作的一个重大课题。目前，我国陆续制定了许多适合于图书馆阅读推广工作的评估体系或建设指标，例如：国家文化部制定的《公共图书馆评定标准》、张家港市的建设"书香城市"指标体系、深圳市建设"图书馆之城"建设指标体系、杭州市建设"公共图书馆评价标准"等，其中一些已经取得较好的成效，具有参考价值。

例如，张家港市于2012年11月发布的"书香城市"建设指标评估体系，是我国首次以"全民阅读"为抓手，覆盖城乡的综合建设指标，使得"书香城市"的评估实现了量化，将进一步推进全民阅读从由模糊型推动向制度化约束的转变，对在江苏省甚至全国范围内的普及具有一定的借鉴意义。而中国图书馆学会阅读推广委员会自2006年成立以来，每年开展了大量的阅读推广理论研究与实践活动，取得了丰硕的研究成果和实际经验，为构建这样的建设评估体系奠定了稳固的基础。全民阅读建设评估指标体系的出台，将阅读推广活动的开展引入规范、科学、健康的发展之路。

（四）加大阅读推广专业队伍的培养

一位优秀的阅读推广人，就像是一位播种的花匠，种子在她细心和专业化的关怀下茁壮成长，其影响力不可低估。在中国台湾高雄市，"故事妈妈"一直是业内的一大特色，他们以故事为纽带，引导孩子去体验阅读的魅力，让孩子喜欢阅读；让阅读在他们心中生根发芽。

为了培养阅读推广专业人才，阅读推广委员会各专业委员会制订了年度培训计划，分别以托靠的公共图书馆为阵地，邀请专家上阅读指导课，开展培训活动。该项目将会在很长一段时间内进行扩展，目的是组建一支专业的阅读推广队伍。

随着儿童阅读推广工作的开展，各种针对儿童阅读推广人的培训机构也应运而生。从最初的"花婆婆""点灯人"，到相关行业领域参与程度逐渐扩大，社会影响力日益增强，理论和实践成果也日益增多，先后出现了一批有一定影响力的培训和推广机构，如深圳爱阅公益基金会、三叶草故事家族、蒲公英乡村图书馆、公益小书房、阳光书屋等。有些机构还研发了自己的培训课程。比如，深圳爱阅公益基金会的爱阅学院，以全面提升阅读推广人的专业素养和加强阅读推广能力为培训重点，使参训人员能够为社区和家庭提供专业、科学的阅读指导，成为儿童阅读推广的专业人才。

（五）注重儿童的阅读推广

联合国教科文组织在《公共图书馆宣言》（1994年）中，最主要的一条内容是"养成并强化儿童早期的阅读习惯"，这将会对他们的整个人生产生深远的影响。因此，许多国家都非常注重培养儿童的阅读习惯。无论是英国的"阅读起点"计划、美国的"儿童速写运动"，还是日本的"儿童读书周"，都致力于培养儿童对阅读的终身爱好，并将儿童早期阅读能力培养制度化，通过立法给儿童提供更好更自由的阅读环境。为了促进青少年的阅读，阅读推广委员会专门设立了青少年阅读推广委员会，开展了"'中山杯'全国青少年故事大赛""少年儿童童谣绘画大赛""树精灵使者团培训活动"等一系列活动。成立了一个特别的"阅读书目推广委员会"，为儿童及父母提供了一套儿童阅读清单。此外，还推出了《亲子阅读》《绘本阅读》等"阅读推广系列"。孩子是民族的希望，是阅读推广的核心。每个参与到阅读推广活动的人，都要做儿童阅读的"点灯人"。

（六）为广大人民群众提供特殊的财政支持

普及阅读关乎国家前途，促进大众阅读是一种公共服务事业，要保证它的长远、高效地进行，需要国家专门拨款。外国政府为普及大众阅读提供了大量的资金。英国为"读书起点"计划项目建立了一个信托基金，在1998和2008年度两个"国家阅读年"投入总计1.52亿英镑。美国为实施"大读书"工程，国家文化与艺术基金、美国中西部艺术基金等组织已为1000多个组织提供资金。日本政府即使在战时财政困难的情况下，还是通过设立"读书会"来激励学生阅读，并以经济补助形式在全国范围内建立读书俱乐部。

目前，国内还没有专门的文化事业发展基金，其经费来源是文化传播和文化产业引导经费。此外，阅读推广委员会开展全民阅读活动也是由地方政府提供资金资助的。资金充足的地区可以进行比较多的阅读推广活动，而经济相对落后的地区则活动较少，导致区域失衡。

（七）继续推进公共图书馆建设

21世纪，我国大型公共图书馆新建项目取得了可喜的成绩，但与世界先进水平还有很大的距离。目前，全国共有图书馆46万人/座、1181人/平方米；人均藏书0.27册。而联合国20世纪70年代发布的关于公共图书馆的平均拥有人数是3万人/座。而在发达国家，公共图书馆平均拥有量分别是：瑞士3000人/座、挪威4000人/座、英国1.14万人/座、法国2.2万人/座、意大利2.6万人/座、美国3.11万人/座。公共图书馆是我国开展阅读推广工作的主要场所，应大力提倡普及和推动公共图书馆的发展。联合国教科文组织首次发表的《公共图书馆宣言》明确指出，公共图书馆是传播教育、文化和信息的重要力量，是推动人民寻求安宁和精神福祉的基础。政府应承担起推进公共图书馆建设的责任，特别是在土地、资金、人才等方面提供保障，尤其要解决东西部发展不平衡问题。据不全面统计，截至 2012 年，四川省共有 188 家不同级别的公共图书馆，有 16 个县市没有设置独立的图书馆机构。公共图书馆应加强宣传，使之成为百姓的"大书房"，使之成为公众文化权益得到全面落实的一个公众服务平台。

（八）对阅读推广长效机制的研究

当前，我国的阅读推广呈现出节日式、运动式、嘉年华式的特点，多数是从上而下由政府层层推动，而行政命令则是开展活动的关键。国内图书馆界可以借鉴国外的一些先进的做法，克服目前国内阅读推广方式的缺陷，进行科学的规划，确保活动定期开展，逐渐形成一种长效的阅读推广机制。

（九）对阅读和阅读文化的研究

阅读与图书馆密切相关，近年来阅读的目的和意义、类型和特点、不同群体的阅读习惯等，这类研究在西方图书馆学的早期研究中较为普遍，而在我国图书馆界，阅读研究一直处在较为边缘的地带，近年来虽有所"回温"，但仍需要进一步深入探讨，以便为其进一步发展和完善提供基础理论支撑。

（十）对阅读环境和阅读推广人力资源的研究

阅读推广的活动化与碎片化对图书馆阅读环境提出了更高、更复杂的要求。国外不少图书馆为了适应这一变化，进行了一些空间创新，但国内学界对此领域的研究还未开展起来。同时，阅读推广还对开展相关活动的图书馆员提出了更高的要求，馆员不仅需要有主动性与创造力，更需具备阅读推广的相关知识。如何对阅读推广馆员进行培训，如何配置合理的阅读推广人力资源等问题都有待进一步的研究。

第四章　图书馆阅读推广概况

第一节　图书馆科普阅读推广实践

一、推进嘉兴市公共图书馆阅读推广实践与思考

2004年，嘉兴市率先制定《嘉兴市城乡一体化发展规划纲要》，城乡文化一体化成为嘉兴打造城乡一体化先行地的重要组成部分。2007年，嘉兴市委、市政府把构建城乡一体化公共图书馆服务体系列入重要议事日程，并作为2007年度、2008年度的民生工程加以推进。2012年，嘉兴市建成了城乡一体化新型公共图书馆服务体系，被誉为中国公共图书馆总分馆建设的"嘉兴模式"。2014年起，提出"书香嘉兴"建设，进一步整合资源，构筑起政府引导、社会参与、群众受益的全民阅读推广体系，积极举办各种类型的阅读推广活动，并取得显著效果。

（一）嘉兴市公共图书馆阅读推广工作的效果

1.阅读推广工作得到重视

（1）人员配备

除平湖图书馆由馆长自行负责外，嘉兴市各市（区县）其他图书馆总馆的阅读推广工作都由副馆长分管，同时每个图书馆还会配备2—3名专职或兼职的从事阅读推广工作的馆员。例如张元济图书馆的宣传推广部，由3个全职人员担任，分别负责各方面的工作，推广部主管负责策划、协调和洽谈，另外两个则是活动的执行、运营、内容的预告、剪辑和设备维修等，三人配合，一起做好图书的宣传和推广工作。海宁市图书馆的新馆在投入使用后，

还设立了专门的图书宣传部门。嘉善、嘉兴、桐乡、平湖市图书馆则将推广的工作分配给了文献流通部和少儿部等相关部门，各部门的负责人负责活动的策划、组织和协调，其他部门的工作人员则负责活动的宣传、执行和管理。另外，嘉兴市（区县）图书馆总馆将派出专员，负责嘉兴市各乡镇分馆（除桐乡、嘉善外）的读书宣传工作，以推进各乡镇分馆阅读宣传工作的力度，提高镇级地方管理人员对阅读推广活动具体实施与管理的参与度；镇分馆负责指导和督促村级图书馆阅读推广活动的落实和开展。

（2）经费投入

嘉兴市各市（区县）图书馆每年的年度预算都会包含阅读推广活动所需的经费，各市（区县）图书馆（嘉兴市图书馆除外），每年可获得 5—10 万元的阅读推广经费，如因多次举办而出现资金短缺的情况，可在年终查证后再补上。乡镇、街道办事处分馆每年开展读书宣传活动的经费为 2—3 万元，由乡镇（街道）政府财政拨款。

（3）活动场所

嘉兴市各市（区县）馆的基础设施良好，亲子活动区、培训室及报告厅等功能区齐全，其中图书馆活动场地硬件设施最好的是海宁市图书馆，拥有可容纳 100 人和 200 人的报告厅各一个、训练室多个、300 多平方米的亲子互动区以及 100 多平方米的活动区；设备设施最好的图书馆是嘉兴市少年儿童图书馆（南湖分馆），馆内布置舒适温馨，"亲子悦读天地"也极受少年儿童的喜爱。

（4）专家指导

嘉兴市图书馆从 2012 年底开始，便定期邀请阅读推广专家为嘉兴市图书馆的全体工作人员、各市（县区）图书馆馆长、各市（县区）图书馆阅读推广专员提供工作指导，帮助馆长和工作人员树立阅读推广意识，掌握并正确开展阅读推广活动的手段和方法。

（5）定期交流

嘉兴市公共图书馆于 2013 年 10 月成立了由全市公共图书馆分馆阅读推广工作馆长（副馆长）、部主任及相关工作人员组成的嘉兴市公共图书馆阅读推广工作小组。该小组采用定期开展工作例会、参观活动、品鉴活动、与专家交流活动心得等形式，提高全市公共图书馆阅读推广工作的社会效益。

2.阅读推广宣传途径多样

为满足读者多样化的需求，嘉兴市各市（区县）图书馆总分馆采取了传统宣传和现代宣传、馆内宣传和馆外宣传并用的方式。

（1）网络宣传

现今，越来越多的读者更倾向于通过互联网来获取信息、参与活动，所以嘉兴市各市（区县）公共图书馆均构建了图书馆网站，开通了政务微信、微博等官方账号，活动前期预告、现场实施和后续报道都会在网络平台发布，目前已经成功构建了"文化有约""读者有约""活动预告"等系列活动预定服务的特色板块。

（2）传统宣传

此外，因考虑到部分中老年读者对互联网的了解较少，各馆在开展网络宣传的同时，也要重视传统的阅读推广宣传。传统阅读推广宣传的场所和平台包括图书馆大厅、社区宣传栏以及人员密集区，例如，海宁市图书馆推广活动的宣传专员经常活跃在华联大厦广场、城西菜市场、市中心菜市场、新华书店等人流量较大的地区，开展了一系列"阅读微访问"活动。

（3）媒体宣传

嘉兴市的公共图书馆在重视互联网和传统宣传方式的同时，并未忘记联合市（区县）报纸、地方门户网站、地方新闻网等媒介平台，将各项活动的资讯上传至传媒平台，以此来扩大图书馆的宣传范围。

3.阅读推广服务对象广泛

嘉兴市各区县图书馆总分馆的宣传活动主要面向广大人民群众。

（1）对青少年的阅读推广

如海宁市图书馆举办的"童心故事会"、平湖新仓分馆举办的"妞妞姐姐故事会"、张元济图书馆举办的"悦读汇"（分高、低年级）、嘉兴市图书馆举办的"禾禾故事会"等。均表明了嘉兴市各市（区县）图书馆总分馆对未成年人阅读推广活动的重视。

（2）对老年人的阅读推广

相较于年轻人的各种有趣活动，老年读者更乐意阅读各馆的馆刊或参加诗友会、读书会等，例如平湖市图书馆面向老年读者开设的刊物《晚晴》、张元济图书馆开展的"老年诗友会"以及海宁市图书馆开展的"老读者读书交流会"等。

（3）对新居民的阅读推广

嘉兴地区新居民占比较大，因此，要想推进嘉兴市的读书普及工作，必须要大力推行新居民阅读。在这些活动中，由各市（区县）公共图书馆联合举办的"爱心书柜"活动、海宁市的"护翼小候鸟，归途满书香"活动、张元济的"新居民驿站流动图书馆"活动都是推动新市民们阅读的优秀活动案例。

4.阅读推广活动类型丰富

（1）利用节日开展阅读推广

嘉兴市各市（区县）图书馆开展阅读推广活动的契机众多，如各市（区县）的全民读书月、"4·23"世界读书日、中国传统节日等，各馆合理利用馆藏资源开展相关节日阅读推广活动，让读者在庆祝节日之余也能感受阅读魅力。海宁图书馆在 2013 年开展了一系列如"阅读实践夏令营""读书，给你知识""少儿诗歌朗诵""'悦'读直通车""读书明礼"等多种形式的节庆主题活动。平湖市图书馆在 2014 全国读书月期间，推出了如古色古香系列、书香童趣系列、遨游网络系列、老有所乐系列活动共 42 个，同时，各乡镇（街道）还开展了 38 个节日主题活动，如"读书之乐，集'赞'有礼"等。

（2）利用活动开展阅读推广

嘉兴市各市（区县）图书馆总分馆极善于利用讲座、沙龙、展览、竞赛等形式开展阅读推广。在阅读推广活动中，讲座是最常使用的推广方式，例如嘉兴市图书馆开展的"南湖讲坛"、张元济图书馆开展的"涵芬讲坛"以及桐乡市图书馆开展的"桐溪书声"，这些讲座会定期邀请一些知名的专家学者与读者一同交流阅读心得、分享阅读快乐。沙龙因其较强的交互性，受到了一些小众读者的欢迎，如张元济图书馆"涵芬沙龙"、海宁图书馆的"读书吧沙龙"等均取得了较高反响。展览的优势在于，图文并茂、灵动直观、趣味性强，2014 年在全国巡展的"中外文学名著插图展"便深受读者青睐。竞赛是较为有效的阅读推广方式，比如平湖市图书馆的"我的书偶——平湖市青少年阅读形象创作设计大赛"、嘉善县天凝分馆的"阅读经典·感悟人生"征文赛等都能让读者在激烈的竞争中感受阅读的魅力。此外，在张元济图书馆每月两次的"悦读汇"中，青少年可以与专业教师共同分享读书乐趣；在嘉兴市图书馆举办的"禾禾故事会"中，孩子们可以在听故事的过程中，感受阅读的乐趣，从而爱上阅读。

（3）利用平台开展阅读推广

鼓励嘉兴市各区县图书馆总分馆积极开展多个平台的阅读宣传是推动全民阅读一项重要战略举措。例如"你选书我买单""爱心书柜"等活动；此外，由嘉兴市图书馆举办的"亲近经典，乐享暑假"主题图书展览、大学开展"晒书会""悦读"阅读活动、嘉兴新塍分馆组织的"让好书去旅行"图书漂流活动、张元济图书馆通过 LED、立式广告机开展的"经典书目推介""微博中拾贝"等活动，也都是优秀的平台阅读推广案例。

（二）嘉兴市阅读推广实施活动的主导者

1.政府部门主力推动

近年来，嘉兴市（区县）政府开展"文化强市（区县）"战略，加大学习型城市的建设力度，将全民阅读的活动范围通过一年一次或两年一次的"全民读书节（月）"扩展到多个辖区部门。截至 2020 年，由县委组织部、县委宣传部、县文联、县教育局、县文化局、县史志办、县广播电视台等 17 家单位共同负责，海盐县委、县人民政府联合举办的每两年一次的"书香润海盐——全民读书节"已连续举办 8 届，各责任单位紧扣读书主题开展了多项系列活动，在"全民读书节"持续期间，活动热度高、读者参与积极。

平湖市"全民读书月"活动由市委宣传部、教育局、文化局等部门联合主办，平湖市图书馆总分馆一同承办，市新华书店、平湖市图书馆总馆、市新华书店、市新华书店等单位协助举办，活动场所覆盖中小学、幼儿园、汽车站候车室等场所人流量较大的区域，影响力较大。

"伯鸿书香奖"是一次政府推动阅读活动的一个典型例子，桐乡市政府与中华书局、光明日报社、中国阅读学会联合举办了"伯鸿书香奖"。"伯鸿书香奖"的评选一年一次，该奖项总共有三大类，分别是"伯鸿书香人物奖""伯鸿书香组织奖""伯鸿书香阅读奖"。"伯鸿书香奖"是基于陆费逵醉心图书业、为文化繁荣发展而奉献的精神，对在文化宣传活动中做出突出贡献的民间团体和个人，予以嘉奖。

2.各相关部门的有力援助

嘉兴市各区县图书馆总馆的读书推广工作，在本地区相关部门的积极配合下开展，扩大了读者的覆盖面，提高了活动的效果。嘉兴地区开展读书活动，支持单位有各区县文明办、团委、教育局、文化局、新华书店等。比如嘉兴市一年一度的全民阅读推广"我的读物与我一起成长"，由嘉兴市教育局、嘉兴市文明办、嘉兴市文化部等单位主办、嘉兴市图书馆、新华书店联合承办。此外，海宁市图书馆联合海宁新家园物业发展有限公司，开展了一项名为"彩虹计划"的亲子阅读活动，累计吸引上百个家庭参与其中。

3.图书馆积极履职

阅读推广是图书馆必须履行的重要职责。嘉兴市各市（区县）图书馆总分馆自加大城乡一体化公共图书馆服务体系以及公共文化服务体系示范区建设力度以来，积极把握每一个阅读推广活动机遇，通过定期邀请专家进行分析指导、阅读推广小组互相分享经验心得以及总分馆联动等方式，践行"普遍均等，惠及全民"的服务理念，极大地促进了阅读推广活动的有序、常态、持续开展；从图书馆到学校、社区、书店、军营以及企业，从传统的广告推广到现在传统、现代推广方式并进，更好地满足了不同的阅读受众群体；除此之外，阅读推广的形式和内容也越来越丰富，包括阅读会、展览、讲座、竞赛、故事会、沙龙、朗诵会等能迎合各年龄层需要的阅读活动。嘉兴市各区县图书馆在多年的探索和实践中，已经形成了多个阅读推广品牌，光是嘉兴市的图书馆，就已经创建了"南湖讲坛""南湖读书会""禾禾故事会""禾禾亲子天地""爱心书柜""晒书会"等优质的服务品牌。在众多图书馆的共同努力下，嘉兴市阅读推广影响力稳步上升。

4.志愿者倾情投入

志愿者的加入为阅读推广带来了新活力。有这么一批志愿者，他们积极地活跃在嘉兴市各市（区县）图书馆总分馆开展的讲座和沙龙活动上，与参加活动的读者分享阅读的经验、心得、技巧、乐趣和信息。例如，张元济图书馆"涵芬沙龙""悦读汇"活动的主讲均为志愿者，"悦读汇"更是一项以幼儿老师为主导的儿童经典诵读互动式的活动，每个月举行一次，分为高、低年级。桐乡图书馆吸引众多周边县市阅读爱好者的"桐溪书声·公益讲座",也是由志愿者主导的,现已成功举办多期。

（三）嘉兴市公共图书馆阅读推广活动的可持续发展

1.建立阅读推广长效机制

（1）创建阅读推广服务品牌

当一个图书馆在阅读推广的方式与内容上极富创意和特色时,便很容易形成自主的阅读推广服务品牌,这种品牌是图书馆和读者活动关系的载体。阅读推广前期最重要的工作就是创建自主品牌。品牌创建成功与否与阅读推广活动息息相关。就目前嘉兴市各市（区县）图书馆阅读推广品牌创建情况来看,绝大多数图书馆的阅读品牌都已取得较好的品牌效应,例如,深受读者青睐的嘉兴市图书馆"南湖讲坛""南湖读书会""禾禾故事会""禾禾亲子天地"服务品牌,张元济图书馆"涵芬讲坛""涵芬展览""涵芬朗诵团""悦读汇"及"英语角"系列品牌,海宁市图书馆的"紫微讲坛",平湖市图书馆的"市民讲堂"及桐乡图书馆的"伯鸿阅读沙龙"等众多阅读品牌都极大地推进了全民阅读推广进程。嘉善县图书馆及全市大部分镇村分馆在阅读推广品牌创建方面还是相对薄弱,急需加强对阅读推广品牌的创建、维护、管理与创新工作。有些市（区县）总分馆每年开展数百场阅读推广活动,都反响平平,无法形成独特的推广品牌,而有些诸如"英语角""您选书我买单""数字资源进基层"的活动品牌,名称过于普通,这些品牌均需再进行深化维护。

（2）完善阅读推广考核机制

健全阅读推广考核机制可以从两个方面进行:一是对图书馆的阅读推广馆员进行绩效考评,如超额完成阅读推广工作年度目标,则给予专门的培训机会或物质奖励,通过这种方式,可以提高推广馆员的工作热情。二是进一步完善镇村分馆及镇分馆下派人员的考核机制。各市（区县）文化等职能部门于嘉兴市城乡一体化公共图书馆服务体系建设完成后,出台的镇村分馆考核意见中明确了包括办馆前提、人才培育、基础业务、读者服务、组织管理等在内的一系列考核标准。此外,全面加强镇村分馆阅读推广活动指标及镇分馆下派员的阅读推广工作考核，有利于镇村分馆的可持续发展。

2.下移阅读推广活动中心

调查显示，嘉兴市现今大部分镇村分馆阅读推广效果较差，但各市（区县）图书馆总馆所在地的阅读推广活动反响不错。由此可以看出，现阶段镇村分馆阅读推广活动仍存在以下三个问题：第一，阅读活动服务的受众面窄；第二，活动规模小；第三，活动形式和内容单一。

相较于各市（区县）图书馆总馆所在地总人口数，嘉兴市镇村分馆辖区的居民更多，因此，相关部门和人员更应高度重视镇村分馆阅读推广以及人均阅读量低的问题。嘉兴市各市（区县）图书馆应在处理好总馆推广任务的同时，将阅读推广工作的重心下移到镇村分馆，加强镇村的阅读推广工作，并提高其活动的社会效益。具体实施可参考以下几点：第一，实施帮扶政策。由各市（区县）图书馆总馆联合镇村分馆举办联动活动，借助总馆的推广资源，提高推广活动的宣传力度和影响力，联动时间可选择全市（区县）全民读书节、"4·23世界读书日"、图书馆服务宣传周等。第二，活动下移。各市（区县）图书馆总馆可在镇村分馆开展讲座、展览、沙龙、竞赛等部分阅读推广活动。活动计划最好在年初制订，利于推广馆员进行方案策划。例如，平湖图书馆总馆在镇分馆举办的"全国阅读月"活动启动仪式，就是一个很好的参考。第三，特色项目。各乡镇分馆要根据当地实际的人文风貌、社会条件，来制订一年的阅读推广计划，确保推广活动围绕当地特色开展，努力打造阅读推广特色品牌，通过开展阅读推广活动提高品牌知名度，形成良好的阅读风气，让更多的读者爱上阅读，感受阅读魅力。此外，总馆要指导、监督、考核镇村分馆的阅读推广活动，使各镇村分馆早日形成良好的文化环境。

3.开辟获取图书的便捷渠道

当今社会，纸张依然是传递知识和资讯的重要媒介，因此，如何让读者在最短的时间内获取所需要的图书资料也是政府及有关部门进行阅读推广时的重点工作。近年来，嘉兴市各市（县区）图书馆经费较为充裕，所以，为了让更多读者享受到就近阅读的便利，政府可以在馆外再多建一些图书借阅点，扩大图书馆的服务范围。

就目前来说，较强有力的阅读推广手段之一便是全国多地正在创建的城乡一体化公共图书馆服务体系。例如，嘉兴市在城乡一体化公共图书馆服务体系建设完成后，城郊及乡村居民看书难的问题迎刃而解，全市范围内的总分馆实现图书通借通还，同时享受浙江网络图书馆和嘉兴数字图书馆海量信息资源。嘉兴市图书馆于 2013 年起在市内开放了多家 24 小时自助图书馆，读者们可以在上下班或放学、逛街的途中仅花费几秒钟就能完成书籍借还流程，深受读者喜爱。

4.建立阅读推广评价体系

想实现图书馆阅读推广活动的可持续发展，就必须提升图书馆服务质量。目前，国内的图书馆阅读与宣传评价系统包括内、外部评价、保障性评价、实施性评价以及绩效评价。建立完善的推荐和评估机制，有利于提高图书馆的阅读推广质量，建议有关部门尽快建立阅读推广评价体系。

在阅读推广评估体系的构建上，王波建议："阅读推广评价指标体系的设计可以从以下两个角度来着手：一是看阅读推广活动评价指标是否符合预算、是否节约人力、是否影响其他工作；二是根据读者对阅读推广的评价，比如是否有创意、宣传口号是否诱人、推荐书目是否适合。在这两方面完成后，再进行对接和整合，形成一个完整的评估系统。"要促进图书馆的可持续发展，可以采取许多措施，比如：探索各种形式的图书促销、馆校合作、社会力量参与等活动。从整个嘉兴市公共图书馆服务体系来看，目前图书馆阅读推广工作刚步入成长阶段，还有待于图书馆总分馆阅读推广人员持续不断的努力。

5.培育阅读推广队伍

图书馆的基本任务、历史发展的必然趋势、产业的生存与社会的发展需求都是推动阅读的，因此，阅读推广是图书馆必须履行的重要职责。想要开展好阅读推广工作，一支好的阅读推广队伍必不可少。培育业务精湛的阅读推广工作队伍可以从以下几点入手：第一，选择最适合的人。采用多种途径，挑选图书馆中热爱图书事业、善于与多种读者进行沟通、热情开朗的馆员，并将他们安排到推广工作当中。第二，提供学习培训的机会。通过定期邀请专家进馆指导工作、外出参观优秀图书馆阅读推广工作以及联系业界单位交换实习等方式，尽可能多地为推广馆员创造培训和学习的机会。第三，工作时间弹性化。基于大部分读者需求，许多活动都被安排在休息日或工作日晚上，因此对于阅读活动推广员，图书馆应对其上下班时间实行弹性管理，这样能更好地激发推广馆员的工作热情与积极性。

二、晋江市图书馆阅读推广实践

如今，基层图书馆想要举办阅读推广活动仍然困难重重，为了优化晋江市图书馆的阅读推广活动，改变以往"自娱自乐"的状况，晋江市图书馆联合市委、市政府及其他社会组织共同开展了多次大型的"悦"读节活动。"悦"读节因其灵活生动、新颖有趣的特征，深受读者青睐，同时，"悦"读节也带动了广大读者积极投身于全民读书活动的热情，营造了一种求知、明理、成才的良好氛围。本节在对晋江市开展的"悦读节"活动进行调研和分析的基础上，总结了一些在基层图书馆开展阅读活动的实践经验。

（一）明确策划定位，寻求政府经费支持

优秀的阅读推广活动策划案应能精准定位不同类型读者的阅读偏好，在最大限度上吸引读者参与其中。"悦"读节，顾名思义，就是把"读书的乐趣"传达给每个人的节庆活动，使读者对"读书之乐"有更深的认识。除此之外，"悦"读节能取得如此高的社会效益和影响力离不开其科学有序的活动安排。

1.贴近时政热点，提升政府的关注度和支持力度

阅读推广工作如果能得到政府相关部门的帮助与支持（比如活动经费），便能发展得更有规模、更持久，而得到政府支持与帮助最有效的方式就是根据热点时事来策划活动项目。2011年，晋江市开展了主题为"悦读人生·品味城市"的"悦"读节，该"悦"读节中包含了大量弘扬晋江特色文化，树立良好风尚，营造良好的社会风气，与"城市建设年"城市发展方向相一致的子活动，如"晋江文化"摄影展览，"描绘新家园·展望新晋江"少儿绘画征集、展览活动等。该策划案提交后，受到了政府的高度重视，并成立了"悦"读节领导组，下发了各联办单位的工作职责，为活动的组织和实施一

路"保驾护航"。

"悦"读节之所以能在让群众高兴的同时,得到历届市委、市政府的认可与帮助,是因为其策划主题具有统一性,策划项目紧跟时事,具有即时性。政府每年会为"悦"读节提供经费,且随着活动的进一步深化开展,"悦"读节已然经成为晋江市最具代表性的文化品牌活动之一。

2.化零为整,用统一的思想内核串联一体

晋江市图书馆之前虽然开展过多场阅读推广活动,但这些活动较为零散分散,且活动时间短、影响小、参与少、宣传弱、推广思想不一致。为了建设城市文化项目品牌,晋江市图书馆于 2011 年开始,把一年内的各种大小活动合并在一起,采用一个共同的主题,形成一个"悦"读节的年度工作计划。例如,晋江市第二届"悦"读节,包含"时光·足迹"微电影大赛、创意书签设计、"我心中的儿童图书馆"金点子征集大赛等 10 项旨在激发学生创造性思维的推广活动,将"自由'悦'读·创意生活"的核心理念贯穿于整个"悦"读节,进一步深化和拓展了读书节的内涵和宗旨。

(二)主动"搭高"合作平台,提升活动权威性

事实证明,读书节想要圆满的举办,就需要政府机关、文化教育机构、广电媒体、企业等各方面的力量,通过政府各相关机构的权力和影响力,来整合各相关方面的资源和权益,使"悦"读节的各项工作得到更好的实施。

1.寻求上级合作单位

为达到最好的活动宣传效果,晋江市图书馆积极主动向上级有关部门寻求合作与帮助。比如,在由晋江市图书馆与晋江市总工会联合举办的"送你一本好书"大型图书漂流活动中,晋江市图书馆在完成了项目的策划和宣传小册子后,就主动上门商谈了该项目的具体操作步骤。市委、市政府对此表示了高度重视,并发布了红头文件,要求广大职工积极参与,形成"多读书、多读好书"的社会风尚。

包括晋江市文联、晋江市直机关党群系统在内的众多政府机关被晋江图书馆的良好合作形象所吸引,主动上门寻求合作。于是,晋江市图书馆阅读推广的参与人员扩大到市直机关党群系统代表、市直机关党群系统各支部挂

钩联系村团组织负责人等，解决了晋江市图书馆推广部门存在的局限性问题。

2.整合社会合作资源

"悦"读节不仅与各政府机构、事业单位建立了良好的合作关系，还与众多企业和学校举办了多种阅读推广活动。比如，与新华书店联合举办的，邀请了中国知名儿童作家秦文君、中央电视台知名主持人芝麻的"阅读始于悦读"阅读指导讲座和"科学也可悦读"科普宣传活动。由于参与人员及各单位负责人提早收到了活动场地的座位示意图，所以虽参与活动人数众多，却也井井有条，极好地维护了活动秩序与图书馆形象。

2013年，晋江市图书馆、市委文明办、市文体局、团市委等单位联合举办了名为"寻找晋江最爱读书的孩子"的读书创意展示大赛，该活动历时3个多月，上万读者参与其中。活动的预赛和复赛安排在了市一小、二小、三小、青阳街道中心小学及普贤小学，各学校层层选拔择优进入擂台总决赛，而这次展示大赛的举办也在一定程度上提升了晋江市图书馆的权威性和民众认可度。

3.构建新型合作平台

晋江市万达广场承办了"寻找晋江最爱读书的孩子"读书创意展示活动的决赛，由晋江市图书馆进行活动的组织、实施与管理，活动中严禁出现一切商业活动和冠名。该活动包含知识竞赛和智力竞赛两种比赛形式，充分体现了选手们的渊博知识。活动举办现场吸引了众多民众的关注，这种在商业化场所举办的极具书香气的活动，让更多民众在感受到了阅读与知识魅力的同时也对晋江市图书馆有了进一步了解。此外，本次活动的传播与开展也为晋江图书馆开辟了更多可以用于宣传的社会媒介资源。

（三）在细节上进行创新，提高活动吸引力

"悦"读节系列活动之所以能够成功与其主题内容、活动细节以及参与方式的创新息息相关。

1.主题内容的创新

随着近几年"汉服热"的兴起，越来越多的民众了解并爱上了传统文化。为了让更多读者进一步感受传统文化的魅力，晋江市图书馆围绕着传统文化这一主题，开展了一系列阅读推广活动。例如，在"明韵汉风"仿明清古典家具鉴赏展中，展出了近20件明清风格的古典家具，包括桌椅、书柜、书架等。与此同时，在展览中心还开展了儿童"穿汉服、展汉风"的摄影展、馆藏古典家具以及古典建筑图书展等活动，甚至"一生阅读计划"活动中还有10名身穿汉服向读者展现汉服灵动飘逸、端庄大气文化内涵的儿童。这些活动贯彻了动静结合的原则，让读者在一动一静中感受明清家具"精、巧、雅"的独特魅力以及华夏文明的核心内涵。此外，将文明礼仪与歌谣相结合的"与礼同行　晋善晋美"文明礼仪歌谣征集活动，得到了晋江一中、季延中学、中和中心小学等20所中小学的积极响应，活动期间收到来稿200余篇，掀起了一股学礼仪、讲文明、树新风的社会风潮。

2.人性化参与方式的创新

"忧思晋江·担当未来"活动之图书漂流活动与其他随机赠送图书的活动不同，活动参与者可以在晋江图书馆漂流的图书中选取一本自己需要或喜欢的图书。在"送您一本好书"图书漂流活动中，参与者可以在晋江市公布的"2012年好书榜200本书目"中选取一本图书，再通过主办方将图书赠与某位读者。活动刚开始便有众多民众参与其中，其间赠送出的图书更是超1000本。晋江市图书馆在"智力拥军"文化进军营活动期间，除了参观部队、捐赠图书，还组织了一场"国防知识"竞赛。在活动开始前，图书馆向教员和学员们发放了"必答题200道题库"，采用积分抢答方式，让参赛者在紧张、兴奋的氛围中学到知识，收获快乐。这样的活动和组织方式，使读者参与活动的主动性和积极性得到了极大的提升，实现了真正的"快乐阅读、提升阅读"。

3.提升活动的深度和广度

在"送您一本好书"图书漂流活动中，晋江市图书馆采取短信等方式温馨提示读者在阅读完成后将书籍归还图书馆，而活动中归还的图书会在晋江市"悦"读节闭幕式上，面向社区、企业、学校等进行再次漂流。这种活动方式对读者的诚信度有一定的要求，但也很好地向社会传递了"真诚守信"的价值观念以及"图书漂流""绿色环保"的可持续阅读理念，让更多人感受到读书的力量和吸引力，实现真正的"书香漂流"。在策划和宣传的过程中更为重视内涵的挖掘以及读者阅读品质的提升，受到了政府有关部门和传媒单位的高度赞扬。可以说，"送您一本好书"图书漂流活动做到了真正意义上的"好书齐分享"。

（四）多渠道宣传，提升活动影响力

"悦"读节的推广工作做得好，宣传是一个不可忽视的因素。应从小处着手，一点一滴地累积，逐步建立起比较稳固的信息传播渠道。

1.积极邀请媒体跟踪报道

晋江市图书馆在宣传活动中设立了"宣传资料收集表格"，在活动中，积极与各大传媒沟通，向各大传媒宣传活动的具体内容和亮点，当地各大新闻机构全程跟踪采访报道，吸引了广大市民的广泛关注和转发，提高了活动的知名度和美誉度。

2.主动对外传播活动信息

晋江市图书馆在活动前期积极开展对外宣传活动，始终坚持利用中国移动和中国移动手机短消息等媒体，每周对全市人民群众、市领导及上级领导进行推广和宣传，同时在市委大院等重要地点悬挂活动海报，以提升活动关注人群的层次；在活动现场做好各种活动的推广和安排，例如，在"悦"读节的第二、三次颁奖典礼上，把整个"悦"读节的回顾和总结归纳为一本插图，将由专人解说的视频，在现场进行滚动播放，生动立体地展示了"悦"读节的活动成效，受到市领导的高度评价。每次活动结束后，晋江市图书馆会将活动相关新闻、图片等信息发给晋江市委文明办、福建省图书馆、中国图书馆学会等上级主管部门进行进一步宣传。

（五）充实人员队伍，提升工作活力

1.设置专职人员

为确保图书馆阅读推广工作的连续性，晋江市图书馆 2011 年初设置了"晋江市图书馆"活动扩展部室，配备两名全职工作人员专门负责活动的策划、组织和实施，并配有专门的办公室、档案柜、彩色打印机（打印活动海报、门票等，既能增强宣传活动的美感，又能节省活动费用），便于及时跟进和组织活动。

2.实施社会人士招募计划

2014 年，晋江市图书馆正式启动了社会人士招募计划，目的是面向社会公开招募有才艺技能的志愿者充实到图书馆阅读推广活动中去。这些有才艺技能的志愿者专业性强、素质高，他们的参与可使现场教学、互动效果更好。当志愿者达到一定数量后，晋江市图书馆将定期开展儿童阅读服务，如讲故事、现场折纸、现场绘画等。通过"引进"外来的力量，可以不断为图书馆节省人力资源，而且提高了图书馆的服务水平。

三、吉林省图书馆阅读推广实践

近年来，吉林省图书馆重视传统文化阅读推广工作，将阅读推广作为重点工作大力推进，培养读者形成良好的阅读习惯。

（一）构建吉林省公共文化交流推广平台

吉林省图书馆与吉林艺术学院、吉林人民广播电台共同搭建了一个将音乐和书籍相结合的吉林省公共文化传播和宣传平台。吉林省图书馆利用这个平台，举办了多场丰富多彩、妙趣横生的文艺演出，例如：新年音乐会、爵士乐演奏会、古典乐曲演奏会等。

（二）建设"天下书香读书会"

为了更好地推动传统文化阅读活动的推广和开展，建设高品质读书会群落，吉林省图书馆联合吉林省全民阅读协会打造了以吉林著名学者、作家同读者分享交流经典名著为主体内容的"文化吉林·天下书香读书会"。

（三）开设"文化吉林"讲坛

自 1995 年起，吉林省图书馆便一直在开展公共文化知识讲座。2014 年 9 月，吉林省图书馆将该公益讲座正式更名为"文化吉林"开讲，该讲座邀请了国内知名专家学者，于每周天下午的 1：30 准时开讲，弘扬和宣传中国优秀传统文化知识。

（四）以农民工子女阅读基地为主要阵地开展青少年活动

少年强则国强。为提高青少年阅读水平，自 2011 年起，吉林建立了工农子弟阅读基地，依托这一活动阵地，开展青少年阅读活动。具体活动：第一，建设学生书房。图书馆可在找到公共图书馆与学校教育需求的重合点后，以提供书籍资料以及志愿服务的方式，尽力帮助和支持学校的日常工作，并与学校达成长期合作的共识。第二，提供志愿服务。鼓励大学生志愿者多在工农子弟学校开展阅读活动。第三，举办工农子弟书画展。鼓励工农子弟提交书画或摄影作品，并邀请专家进行集中评选，将优秀作品公开展出。第四，开展图书漂流活动。面向工农子弟学校进行图书漂流，激发青少年对于书籍的热爱，提高他们的书籍保护意识。第五，开展亲子故事会。采取多种方式为青少年讲述书籍故事，引导青少年逐渐爱上阅读、学会阅读、享受阅读，同时提升青少年的思维能力和动手能力。

（五）举办展览展示活动

吉林省图书馆积极筹备多种展览展示活动，每年平均开展的展览展示活动达 20 余项，在给读者带来精美视觉盛宴的同时，也宣传了中华民族传承千年的文化底蕴。

（六）依托互联网技术实现"互联网+阅读"

如今，互联网技术影响着人们生活的方方面面，人们已经习惯于通过互联网进行购物、学习、娱乐、交流等。互联网技术的出现与发展极大地冲击了人们的阅读方式和习惯，同时，也为文化传承、阅读推广注入了新活力。

1.完善现有阅读平台，推动全方位阅读体验服务

在"互联网+"的时代背景下，公共图书馆应构建一个支持电脑、手机、平板、电子书等移动阅读终端的"全渠道阅读平台"。尽管公共图书馆已经实现了纸质书籍与电子相结合，还在其他领域进行了大量的建设，但依然不能完全适应人民群众对阅读和文化的需求，所以，图书馆应加强与新媒介的合作力度，不断提升图书馆的信息技术，提高读者的阅读体验。此外，图书

馆还要充分利用网络技术，建设一种全新的媒体阅读环境，以此来促进传统文化的传播与发展。

2.创新"互联网+阅读"多元合作模式，促进全民阅读

如今，公共图书馆要顺应时代发展的潮流，进一步提升自己的服务品质，在技术和资源方面寻求多元化合作，利用阅读推广优势，推动全民阅读。在技术层面上，公共图书馆可以与运营商协调合作，由图书馆提供文化资源，供应商提供运营策略和技术手段，二者强强联合，实现全民阅读。在资源层面，可将阅读元素融合进民众的日常生活中，例如，在商场、餐厅、地铁、机场等人员较为密集的地方，可以建设地铁型、机场型图书馆或阅读主题餐厅等，让阅读无声地融入人们生活的方方面面，潜移默化地推动全民阅读。此外，还可以在人员较多的场所放置阅读二维码，让人们只需要掏出手机轻轻一扫就能获得图书馆定期推荐的优秀书目，实现真正意义上的随时阅读。

3.优化互联网阅读服务体系，满足阅读需求

在开展阅读推广服务的过程中，应注重区分读者类型，为不同类型的读者提供不同的阅读资源，构建有针对性、有特色的阅读服务体系。比如，当读者为中小学生时，可推荐如历史、科学、自然等科普类型的资源；当读者为普通成人时，可推荐人文风土、民俗、小说、社科、国防、财经等类型的读物。根据不同读者的阅读需求，选择不同类型的推广渠道。此外，还可以利用多媒体技术，将数字阅读与音乐和视频融合，让传统文化的推广工作变得更为灵活、有趣。

4.搭建全新阅读平台，感受阅读新体验

扩展服务渠道，扩大服务覆盖范围是互联网时代下公共图书馆阅读推广的前进方向。想要在原有阅读平台的基础上，提升阅读服务品质，构建新网络阅读平台，进一步推动阅读推广工作，可以参考以下几点：第一，建立省级"传统文化传播与推广服务平台"，利用互联网的链接性，扩大政策、宣传的信息覆盖范围，同时化零为整，构建统一的综合导航系统，让民众可以在该平台上获取讲座、展览、电子图书、视频等资源。第二，构建数字化信息共享的数字图书馆虚拟网。该虚拟网应以省级公共图书馆为中心，向市级及以下的图书馆辐射，推动信息等资源的互惠共享，为读者提供最大限度的

信息资源服务。第三，由省级图书馆牵头联合各市级图书馆建立"微信图书馆"，实现全省范围内的资源、信息共享、阅读推广以及服务指导等，构建新型阅读推广模式，让更多民众爱上阅读。

（七）在全省范围内搭建"百姓书房"

2009 年，吉林省图书馆提出了一个新颖的概念——"百姓书房"，即在吉林省企事业单位、党政机关、区、街道、学校等场所内，建设"百姓书房"，扩大图书馆的业务服务范围，让吉林省图书馆的馆藏资源辐射全省，切实解决民众看书难的问题。如今，"百姓书房"已遍布全省，为更多居民提供图书服务。

此外，吉林省图书馆对传统文化的阅读推广工作积极重视，举办了众多极具当地特色的阅读推广活动，极大地促进了传统文化的传播与发展。

四、辽宁省图书馆阅读推广活动

（一）建设全民读书公共平台，促进全民读书

长期以来，辽宁省图书馆始终坚持"平等、公益"，以"无障碍、无门槛、全免费"的宗旨，充分发挥馆藏资源的作用。尽管各种资源投入都很少，但是辽宁省图书馆在适应大众越来越多元化的文化需要的同时，也在"读者至上"这一思想指导下进行着自己的建设与发展。要继续完善图书馆设施，优化图书馆藏书布局，扩大图书开本，加强图书馆科研工作；提高服务队伍的质量，增强读者的工作能力，充分利用好图书馆在促进经济、社会、文化等方面的重要功能。辽宁省图书馆是广大居民的"公众大书房"，在推动公众读书活动中起着重要的推动作用。辽宁省图书馆拥有雄厚的信息资源、各类先进的设备、完备的服务体系以及优越的阅读环境，为广大读者营造了一个良好的读书氛围，为公众提供了一个公共的文化信息交流平台。为提升读者阅读体验，辽宁省图书馆开设了一个特色服务窗口，为每一位初次进馆的读者提供馆情及服务窗口介绍、办证须知介绍、借阅规则及方式介绍，帮助读者更好地了解文献检索相关知识，增强读者借阅和阅读的能力，保证并实现公民的基本文化权。

（二）精心打造阅读活动，倡导全民阅读

1.打造阅读品牌

在图书馆阅读推广活动中，读者的参与是非常有意义的，它可以在图书馆与读者之间建立一座互动的桥梁，进一步拉近图书馆与读者间的关系，使读者了解图书馆、学会利用图书馆，使图书馆的阅读推广工作更加贴近读者需要。近几年，辽宁省图书馆始终在大力开展有针对性的阅读推广活动，并以此打造自己的品牌特色。

（1）举办展览活动

多年来，辽宁省图书馆充分利用其馆藏资源，先后举办了多次大型展览活动，展出了大量文化、艺术、科普、时事等具有鲜明主题、丰富内涵的精美展品，观众人数达到数百万人次，大大提高人民的文化素质和知识水平，为社会创造了一个符合时代要求的文化和艺术环境。去图书馆，已经成为读者休闲娱乐和学习的重要方式。此外，辽宁省图书馆积极走进社区、机关、部队、校园等地开展图书巡展活动，满足基层读者的多样化需求；同时，辽宁省图书馆还举办了跨省图书交流会及中外文化交流会，扩大了省图书馆的影响力。

（2）开办辽海讲坛

辽海讲坛是覆盖全省城乡，内容涵盖经济、政治、文化的综合性的公益讲座。辽海讲坛自 2006 年创办至今，一直坚持弘扬先进文化，弘扬科学精神，立足于广大群众的精神文化需求，致力于打造一种具有普及性、社会性、标志性的公益文化。"辽海讲坛"在经历了不断的摸索与实践后，逐步形成规模庞大、组织严密、受众广泛的特色辽宁文化产业品牌项目。近年来，为打造出更好的品牌和提高知名度，辽海讲坛系列讲演邀请了众多国内著名专家学者上台演讲，其中包括易中天教授的《三国这段历史》史学讲座，袁岳教授的《阅读的解构》等，这些都使辽海讲坛在省内乃至全国范围内的影响力与声望都得到了极大的提高。

2.开展大型文化活动

近几年，全国各地的读书月、阅读节活动都如火如荼地进行着，在推进全民阅读方面发挥着重要作用。在城市阅读节活动中，公共图书馆应该发挥文化心脏的功能，通过举办阅读活动，营造良好的阅读氛围，调动广大读者的阅读积极性。

（1）读书节活动

辽宁省图书馆每年4月23日至6月23日都会举办"读书节"活动。读书节活动具有地理覆盖面广、群众参与度高和内容丰富的特点，是以辽宁省图书馆为龙头的大规模公益性活动。这场由各个领域、各个行业、社团组成的大型文化交流活动，充分地发挥了互动性和辐射力，是一场具有深远意义、影响的群体文化盛会。

（2）科普周活动

辽宁省图书馆积极响应辽宁市委、省政府、省社科联开展辽宁省社会科学普及周的通知和号召，从广大群众的生产生活和需要出发，积极组织和动员广大社科界人士和有关部门开展形式多样、内容丰富的社会科学宣传教育，从而不断地满足人民日益增长的精神文化需求。

（3）服务宣传月活动

辽宁省图书馆以"图书服务宣传月"活动为契机，紧紧抓住宣传活动的主题，积极开展多种阅读推广活动，让广大市民读好书、用好书，并积极引导广大市民积极参与辽宁省图书馆举办的各类文化活动，推动社会和谐健康发展。

（三）搭建基层图书馆网络，提升图书馆服务覆盖面

辽宁省图书馆在做好馆内阅读服务的基础上，不断拓展服务范围，将阅读推广工作向基层拓展，为广大人民群众营造良好的读书环境和读书条件。近年来，辽宁省图书馆致力于建设以省级图书馆为主导、以"辽东、辽西、辽南、辽北"为分中心，辐射市县级馆，向军营、社区、学校延伸的服务格局。辽宁省图书馆还积极开展阅读服务进乡村活动，送资源、建站点，为乡村基层文化建言献策，为新时期农村文化发展和大众阅读工作做了积极的尝试。

（四）关注特殊群体，壮大读者队伍

1.青少年阅读推广活动

青少年是社会发展的基础，故而全民阅读推广也应当从青少年开始。关注青少年身心发展情况，引导青少年树立正确的世界观、人生观、价值观，是图书馆的重要职责。辽宁省图书馆将引导少儿阅读当作一项长期工作，充分利用周末、假期，定期开展诸如"快乐阅读""快乐棋牌""欢乐玩具厂"等亲子互动游戏，让幼儿专注于阅读，并在阅读的愉悦心情中提高自己的阅读兴趣。

2.残障人士阅读推广活动

公共图书馆是社会知识保障系统中的一个关键环节，其宗旨是为所有有阅读需要的读者提供服务。重视残障人士的阅读需要，提供方便、周到的阅读服务，让更多的残障人士走进图书馆，学会使用图书馆，是图书馆的一个重大的社会责任。针对残障人士的需要，辽宁省图书馆设立了特殊的图书阅览室，为其提供特殊的阅读服务。辽宁省图书馆联合省残联开展了"手语世界"系列活动，在健全人和残障人士之间搭建起一座有效的沟通桥梁。活动期间，辽宁省图书馆聘请了专门的手语老师教授参与者手语，并积极组织残障人士可以参加的阅读推广活动，以此来培养他们自强自信的生活态度，进一步调动他们阅读的积极性。

3.老年人阅读推广活动

关爱、尊重老年人，满足老人的读书需要，是社会的责任。为老年人提供全方位、有效的服务是图书馆不容推辞的职责。近年来，辽宁省图书馆强化了老年人的阅读服务力度。在服务人员的选择、环境的布置、阅读设施的设置等方面进行了合理的布局，力求使老年人的阅读环境更加整洁、舒适、清雅，良好的阅读条件，使得图书馆成了老人们最受欢迎的文化、娱乐和休闲场所。同时，辽宁省图书馆还经常组织老年人学习电脑、学英语，以丰富老年人的精神文化生活。

（五）借助现代技术，建立多元化的阅读平台

随着读者网络阅读需求的不断增长，公共图书馆必须顺应信息化要求，切实做到网上阅读与传统阅读相结合，既要确保图书的质量，又要建立一个资源丰富的网上阅读空间。辽宁省图书馆特别注重具备馆藏与当地历史文化特色的资源库的构建，这对推动当地历史知识的传播，馆内文献资源的保护意义重大。当前，辽宁省图书馆数字化资源内涵不断增加，已形成了一大批有着显著典藏特色和地域特色的资源库；辽宁省图书馆还开展了多媒体阅览、在线阅读、开设专题网页、优秀图书推荐、影视阅读等多种形式的图书阅读服务，以方便读者阅读。

辽宁省图书馆在充分尊重广大读者阅读习惯的前提下，加强了对读者的网上阅读指导，并大力推荐优质的电子杂志和电子报纸。随着计算机技术、多媒体技术、互联网技术在图书馆的普及和不断发展，为广大的读者创造了一个多样化的阅读空间。

五、广州图书馆的阅读推广实践

广州图书馆新馆占地 2.1 万平方米，总建筑面积 105 万平方米，总投资达 13.14 亿元。作为全世界最大的城市公共图书馆之一，广州图书馆新馆于 2013 年正式开放后，将阅读与收藏空间相融合，促进阅读主体、多元文化窗口、终身学习空间、知识信息枢纽、区域中心这五大图书馆功能均由开阔的空间和有条不紊的分隔构成，并与图书馆各项职能相呼应。广州图书馆正利用"第三空间"的形态构建公共文化传播平台，起到了现代都市文明建设领头羊的作用。

（一）广州图书馆阅读推广现状

1.致力于都市文化空间的开拓

在开展传统文化宣传的同时，广州图书馆还设立了一个专业的社会宣传部门，与社会各阶层的人士形成良好的互动关系，以合作或协作的方式，策划和举办各类大规模的公共文化活动。同时，广州图书馆将"人"作为阅读服务的核心，把阅读推广拓展到跨文化交际领域。广州图书馆现已与广东省

文化协会、广州歌舞团等单位、广州市政府、社科联、文仕文博文献资料库等多家单位达成了良好的合作关系。先后举办了《我的文学行当——黄永玉作品展》《你是这样的人——纪念周恩来诞辰 115 周年珍品展》《纪念邓小平同志诞辰 110 周年暨百色起义 85 周年图片展》《珍贵图像——海上丝绸之路近代三百年珍藏展》及《〈广州大典〉：千年古城的根和魂》主题展等多场大型展览，形成了"羊城学堂"讲座、雅村文化讲座、"艺游未尽"充电站系统讲座、广州新年诗会等品牌活动。

2.提高数字资源及移动阅读服务质量

广图集团为适应新媒体时代的潮流，将网络服务作为集团发展的重点，并将大量资金持续投入到数字图书馆、移动阅读设备建设等方面。2014 年，广图推出了微信服务业务，该业务的关注度以平均每日增加一百的速度上升，是广图最好的宣传和服务平台之一。该平台可提供的服务包括但不限于活动宣传、图书咨询、图书续借、书目查询等，并且还会定期公布有关广图的信息。

3.推动智能化服务转型

为了让更多的人走进图书馆，贯彻图书馆"提供普遍而均等的服务"的宗旨，广州图书馆除了推出免费借阅、一卡通等各种能为市民们借阅提供便捷服务的功能，还利用自助设施简化市民借阅流程，例如读者预约取书机、24 小时图书馆、自助办证机、自助借还机等。此外，为了更好地适应新媒体时代潮流，广州图书馆在网上开设了微信公众账号，用户可以在"公众号"上注册"读者卡"，实现"扫描""借阅""归还"等，将自动化服务升级到智能化服务。

4.建设跨文化沟通平台

2010 年，广州图书馆根据对外交往发展的现实需求，编制《广州图书馆2011—2015 年发展规划》，明确了开展跨区域文化交流的发展方向，提出"发展地方性专题服务，保存地方文化遗产，弘扬岭南文化"和"加强国际合作，以文献服务为基础，拓展多元文化交流活动"。

在与国家图书馆的交流与协作中，广图综合文化中心免费为广州的外籍人士提供英语、德语等各种语言的图书。同时，广州图书馆每隔两个月会有一场多元文化之旅展览，让大众了解广州与多个国家及城市的文化交往。随着与友好国家和城市的交流，广图认识到了保存和传承本土文化的重要意义，成立了以收集和整理地方传统文化典籍为主的"广州人文馆"。

5.以"再现阅读史"为核心理念的阅读体验区

广州图书馆在读者较多的一层设置了一个旨在营造阅读文化气氛的核心理念为"再现阅读史"的阅读体验区，该区域将不同时期的文本、阅读特征相结合，以倒叙的方式，将中国阅览的发展史娓娓道来。体验区分为现代阅读、印本阅读、抄本阅读和口头相传四个部分，各体验区内还会定期开展"悦读沙龙""阅读体验荟"等系列特色品牌服务。

（二）关于阅读推广的思考

1.关注读者的阅读需求及特点

读者的阅读需求、习惯、方式、心理等会随着读者年龄、阅历、文化水平和社会发展的变化而变化，所以，在开展阅读推广活动前，必须做好调查，了解读者真正的阅读需求。在以往的调查研究中，主体是图书馆和市场，但随着时代的发展，这种观念就有些不合时宜了，在现今的阅读推广活动中，读者才是阅读推广的主体，只有了解读者需求和特点、站在读者立场策划的活动，才能得到好的反响和社会收益。

2.引导读者进行深层次的传统阅读

在新时代的背景下，引导和鼓励读者开展更深层次的传统阅读是公共图书馆必须担起的重任。提倡经典阅读、精品阅读、深层阅读、纸质阅读有以下两方面的作用：第一，提升读者的阅读热情，培养其阅读和思辨能力；第二，帮助读者提升纸质阅读兴趣，培养良好的阅读风气，推动读者阅读水平的进一步提升。

3.开展形式多样的阅读推广活动

图书馆举办的阅读推广活动主要包括依托于图书馆的、服务对象为馆内读者的阵地服务类，以及联合各类社会机构和团体的、将阅读资源和理念延伸到企业、社区、学校等场所的延伸服务类。在日新月异的新时代背景下，公共图书馆必须在深入剖析推广未来表现的基础上大胆创新，努力提升民众的阅读兴趣和体验，开阔读者的眼界，为读者提供最完善的阅读服务和指导。

引导民众阅读，推动全民阅读是当前公共图书馆必须要承担的重要职责。公共图书馆要紧抓时代发展的潮流，贯彻落实自身的原则、宗旨以及社会职责，以此来适应不同阅读群体的阅读需求，为优良社会阅读环境的构建做出积极贡献。

六、济南市图书馆阅读推广活动

（一）济南市图书馆阅读现状

济南市图书馆以促进大众读书，宣传科普，解读社会热点、难点为重点，并组织各类读书讲座、展览、读书征文、智力比赛等数百场次，参与人数达数十万人次，社会影响力不断扩大。其中"读书人"摄影展、老年人免费电脑培训等活动已成为全市公共文化服务的品牌和亮点。近年来，济南市图书馆通过广泛动员和组织各种形式的阅读推广活动，创建了"书香泉城"阅读品牌，为泉城人民创造了一个良好的阅读环境。"书香泉城"大型全民阅读节活动已连续开展多年，该活动中包含济南市读书朗诵大赛、图书馆日体验、换书节、济南市朗诵比赛等多项赛事，其间构建了"欢庆十八大，喜迎十艺节"主题工程展示与视频展播、"成功父母大课堂"公益讲座、"泉城记忆"老相册征集等多个为构建全民阅读型、学习型社会做出巨大贡献的阅读服务品牌。济南市图书馆为扩大自己的阅读服务范围，拉近与读者间的距离，积极在社区、学校、农村等地建设分馆，切实做到缩进读者接触图书和距离，减少读者接触图书的成本。

（二）济南市图书馆阅读推广活动的具体实践

1.努力打造品牌讲座

自 2001 年开始，济南市图书馆就开展公益讲座活动，服务覆盖企业、学校、军营、社区、农村、机关等多个领域。与时俱进的讲座内容和方式使得济南图书馆成功建立了内容包含社科、时政、健康、情感、艺术、军事、科技等多个方面的三大讲座品牌——"成功家长大课堂""女性讲堂""天下泉城"。其中，被山东省文化厅授予山东省"图书馆特色服务品牌"称号的"与孩子一起成长——成功父母大课堂"系列公益讲座联合新闻媒体，已成功开展精品讲座百余场。

开展"女性讲堂"公益讲座，以迎合广大读者的个性化需要。济南市图书馆极善于利用名人效应来开展系列公益讲座，如犹太母亲沙拉·伊马斯、著名主持人含笑、时尚礼仪教父周思敏等众多文化名人均曾受邀参与，名人的加入在提高讲座文化品质和层次的同时，也为广大民众提供了与"大师"近距离接触的机会。认真科学地策划和组织公益讲座，不断深化发展讲座品牌，构建多元化、立体化、个性化、亲民化的讲座服务体系，保障广大民众均等的文化共享权益，是济南市图书馆阅读推广工作的重中之重。此外，济南市图书馆还联合了济南经济广播，为众多爱好金融、法律的读者开展了泉城鉴宝大会、《财富直通车》节目听众见面会、"法在我身边"等系列活动，切实满足了多个阅读群体的个性化需求。

2.创办移动图书馆

济南市图书馆于 2006 创建了以客车为交通工具的移动图书馆，可容纳 4000 多本书籍；移动图书馆设立有投影机、图书馆员服务台、条码阅读机等，利用现代无线通信技术和互联网技术，能快速地把文化信息传递到各个地方，被市民亲切地称作"身边的大书房"。"机动车流动图书馆"以泉城广场、济南大剧场建筑中心等地为活动阵地，为广大群众开展当场办证、咨询等服务，进一步扩大了济南市图书馆的服务覆盖范围。

3.设立 24 小时的自助图书馆

2010 年，济南市图书馆首次将阿发迪（RND）图书馆智能管理系统引入图书馆，实现了图书的自动借还。为了扩大图书馆的服务覆盖面，济南市图书馆在泉城广场和赤霞广场开设两个 24 小时自助图书馆。这两个 24 小时自助图书馆内都放置有 450 册图书，采用智能环形轨道，实现图书的自动上下架，读者可以在该图书馆内自助完成图书的借还、书籍的查询、借阅证的办理等功能。

4.注重青少年阅读引导

中国目前拥有约 3 亿的孩子，几乎占据了全国总人口的四分之一，然而，对于儿童的阅读问题，人们并没有给予足够的关注。自 2004 年至今，济南市图书馆推出的"暑假读一本好书"征文活动已在全市范围内的中小学成功开展了多次。该活动旨在让更多青少年爱上阅读、学会阅读，以此打造暑期特色文化品牌，培育良好的社会阅读氛围，构建书香型城市。活动主题鲜明有趣、组织策划科学认真、活动内容符合儿童阅读发展的客观规律，多渠道多层面的活动宣传是"暑假读一本好书"征文活动得以成功的重要原因。此外，为了发动更多青少年参与到活动中，活动的工作人员亲自进入各中小学分发征文通知以及推荐书目，并将"暑假读一本好书"活动与各学校阅读活动相结合，以此提高阅读活动的参与度。随着时间的推移，"暑假读一本好书"征文活动规模日益扩大，体系逐渐完善，效益日趋显著，该活动成为最受师生家长欢迎的暑期阅读活动品牌之一。明天出版社已将首届"暑假读一本好书"征文活动的作品集《好书让我感动》整理出版。

5.与企业联手打造摄影比赛

由中国重汽集团有限公司工会主办、济南市图书馆承办、济南市摄影家协会协办的"重汽杯""济南市读书人"摄影大赛面向广大市内摄影爱好者，通过大众喜闻乐见的摄影、展览形式，展现民众热爱阅读、热爱图书、珍惜图书的良好社会风貌。活动以激发民众的阅读和创作热情，宣扬阅读学习的优秀传统和文化风尚，让更多市民感受到阅读的乐趣和魅力，共建书香泉城为主要目的，围绕"读书人"这一活动主题，开展摄影作品的征集、评选、颁奖和优秀作品巡回展览等活动内容。截至 2021 年，该活动已成功举办十四届，活动的规模和影响力日益扩大，逐渐成为广大泉城市民及摄影爱好者最喜爱的阅读活动品牌之一。"重汽杯"的活动经费及奖金由重汽集团有限公司赞助，新颖有趣的活动方式，将展览、阅读和摄影融为一体的活动形式，成功为爱好摄影、艺术与阅读的市民提供了一个多层面、多功能的活动平台。同时，通过引导市民聚焦与阅读相关的人、事、物的方式，让市民更好地感受阅读的乐趣与魅力，推动书香泉城的建设。该活动的特点为持续时间长、参与领域广、合作共赢多等。大部分的创作都是以市民生活、校园和图书馆为主题，记录阅读和学习中的精彩瞬间，展现了市民们良好的精神和阅读风貌，在让人精神愉悦的同时，也达到了激励人求知求学、启迪智慧的目的，有利于济南市阅读推广活动的深入开展，进一步提高了广大市民的阅读热情。

（三）关于读书推广的一些体会

第一，开展阅读推广活动是图书馆联系社会的一个很好的结合点。图书馆旨在通过新颖的活动内容和丰富的活动形式，使公众能够积极地参与到公共图书馆的阅读推广中来，从而推动我国阅读社会的发展。第二，商业机构的积极参与是阅读推广活动的有益补充。促进阅读是全社会共同的责任，因此，在推动全民阅读过程中，应充分利用各种社会力量，助力阅读推广活动的开展。第三，不可忽略大众媒体的作用。当代媒介形式多种多样，影响范围广，对提高书籍的辐射力和营造浓厚学习氛围起到了很好的推动作用。要进一步发挥媒体的作用，增强阅读的影响力，提升读者阅读活动的参与度。

七、甘肃省图书馆阅读推广实践

（一）甘肃图书馆阅读推广活动状况分析

在构建现代化公共服务体系的过程中，甘肃省图书馆始终坚持馆内服务与延伸服务相结合的宗旨，积极挖掘、优化和完善阅读推广宣传渠道，通过讲座、培训、展览、文化沙龙、体验活动、读书交流等方式，发挥阅读推广重要宣传阵地的重要作用。此外，为适应多种阅读群体的阅读需求，甘肃省图书馆的阅读推广活动形式会随着社会变化、读者身心发展等方面的变化而变化。"书画讲座""国学讲座""阳光工程""亲子阅读""周末名家讲坛""流动图书车""掌上图书馆"等是甘肃省图书馆在阅读推广过程中打造的特色阅读服务品牌，这些优秀的阅读服务品牌吸引着更多民众参与到图书馆开展的阅读活动当中。此外，甘肃省图书馆还积极利用"世界读书日""图书馆服务宣传周""全民读书月"以及节假日，开展各种精彩绝伦、妙趣横生的阅读推广活动，为全民阅读事业的发展做出了巨大贡献，被中国图书馆协会评为全民阅读推广"先进单位"和"全国人民阅读基地"。

（二）甘肃图书馆开展阅读推广活动的主要特点

1.注重传统文化教育

甘肃省图书馆具有一百多年的悠久历史，一直以来都非常重视中华传统文化。2007 年，甘肃省图书馆以其深厚的文化底蕴为基础，开设了"周末名家讲坛"，目前，该活动已陆续邀请了数百名专家、学者和社会名流上台献讲。2013 年，正式推出了"书画讲座"，为广大书画爱好者提供了一个学习与交流的平台；2014 年，推出了"国学讲座"，为大众提供了一个了解传统文化魅力的公众平台。此外，甘肃省图书馆还会定期举办各种涉及馆藏珍品、馆史回顾、文化科普，书画摄影，主题邮票等方面的公益展览，同时，还与全国各高校签订了共建、共享的讲座和展览资源的协议，并组织了特色资源巡回展览，深受广大读者的欢迎。《四库全书》藏书馆精心打造的"四库全书展"已成为兰州重要的文化名片。

2.重视阅读教育

所谓弱势群体，是指在社会中处于不利地位的人群，包括儿童、农民和残疾人等。甘肃省图书馆在全民阅读推广活动中十分注重营造弱势群体的阅读环境，开展了诸如手工制作、才艺展示、亲子故事会等内容丰富、形式新颖的亲子系列活动，受到孩子们的欢迎；面向盲童打造"阳光工程"，建有全省装备最好的盲书和盲童图书阅览中心，为了帮助更多的盲童享受图书馆的阅读服务，甘肃省图书馆开辟专门的服务热线，聘请专业人士驾车接送失明的读者到馆读书、学习，并免费提供美味的午饭；除了为农民工提供基本的图书借阅、休闲娱乐等服务，还提供就业信息、劳动保障、法律维权等专业咨询，临近春节时，帮助他们进行网络购票、视频团圆也在甘肃省图书馆的暖心服务范畴内。

3.注重新技术的应用

近年来，互联网信息技术的飞速发展使得新型数字化图书和阅读方式层出不穷，同时，人们阅读载体的变化也深刻地影响着读者阅读的内容、方式、习惯、速度等方面。为顺应时代发展的潮流，甘肃省图书馆积极推进馆藏资源数字化，联合超星电子书等多个图书数据库，设立了 24 小时社区图书馆，引进电子阅览机、阅报机等多种新技术设备，合理利用互联网和各种交互平台的新技术工具，将读者对于新科技、新技术的好奇和热爱与阅读相结合，激发他们的阅读兴趣。此外，"文化资源共享工程""数字图书馆推广工程""公共电子阅览室"等国家联合甘肃图书馆开展的系列工程，现已基本覆盖省、市、县、乡、村五个文化服务体系，并举办了多个妙趣横生、精彩绝伦的阅读推广活动。

4.注重城乡合作

为了让更多的群众参与到阅读推广活动当中，甘肃省图书馆除了优化馆内服务外，还经常举办送书下乡、文化帮扶等活动，将被动服务转化为主动服务，让阅读推广服务走进社区、学校、企业和乡镇，让更多的群众感受到阅读的乐趣与魅力。在长时间的探索与实践中，甘肃省图书馆构建了一种利用图书配送，在省、市、县三级公共图书馆实现图书自由流通的"三级流通模式"，极大地扩展了阅读推广活动的服务范围，通过举办读书演讲、体会交流、知识竞赛、读书征文等阅读活动，切实做到了阅读推广向基层发展，向纵深发展，吸引大量民众参与其中。

（三）甘肃省图书馆阅读推广活动存在的问题

推进全民阅读工作的关键和困难在于组织全民参与，培养全民阅读习惯。公共图书馆在阅读推广中要通过多种方式来提高用户的阅读热情。甘肃省图书馆开展的阅读推广活动已经得到了较大的发展和成效，但也有许多问题需要解决：第一，全民阅读组织领导、整体规划机制不完善，缺少引导和长效宣传机制。第二，专业阅读推广人才短缺，难以开展高层次的阅读推广活动，缺少特色品牌，对读者吸引力较低。第三，活动创意匮乏，有碎片化、临时性现象，民众参与度低。第四，与其他活动在策划、组织、实行等阶段缺乏协作。以上问题都对全民阅读推广活动向更深、更广、更规范有效方向发展产生了不同程度的影响。

（四）全民阅读推广模式

1.探索新的读书方式，拓宽大众的阅读渠道

大阅读时代是一个具有海量阅读内容和多种阅读方式的时代，互联网、云阅读、电子阅读机等阅读载体都曾引发过阅读变革，这些阅读载体使得书籍的携带更为便利，随着数码阅读的影响力越来越大，数码阅读的新时期终将会降临。为了吸引更多的人参加阅读活动，我们就应该认识到，在今后的

阅读中，将会出现以纸质和网络化相结合的阅读方式，阅读的未来是数字阅读，而阅读推广的未来则是数字阅读推广。因此，在阅读推广过程中，我们应该更加重视网络阅读、手机阅读、电子阅读等新兴的阅读方式，并以此推动数字媒介与纸质媒介的融合与共荣，不断拓展阅读领域；为适应新时代的需要，我们应该探索适合新形势需求的数字阅读服务的新模式、新载体、新平台。

2.凝聚社会力量，共同开展全民阅读推广活动

一直以来，公共图书馆都是全民阅读推广活动的主要承办方，但如今极大部分图书馆的社会影响力还是偏弱，因此若仅凭借图书馆的力量来宣传全民阅读，还是无法达到理想的状态，所以，图书馆之间联动或与其他社会机构合作不失为一种好的阅读推广形式。一方面，应加强与政府机构和学术团体的合作，以此来获得政策、资金、专业技术方面的支持和指导。另一方面，加强与媒体平台的沟通，积极挖掘更好的宣传渠道，充分发挥活动的宣传与传播作用，以取得更高的社会效益。总之，想要开展好的阅读推广活动，图书馆就不能单打独斗，应积极加强与多种社会力量的联动和合作，充分利用丰富的社会资源进一步推动阅读推广活动的深化发展。

3.以重点活动为切入点，做大做强全民阅读活动品牌

全民阅读的宣传是一项长期性的工作，所以，图书馆在开展全民阅读宣传工作的时候，应基于已有的推广品牌，不断丰富其宣传活动的内容，积极打造特色阅读推广品牌。同时，积极组织开展"读书节""读书月"等大规模的文化活动，此外，图书馆还可以利用举办文化活动的机会，开展"书香家庭""读书达人""书香校园"等评选活动，以身边的优秀典型为榜样，让更多的群众参与到阅读活动中来。要充分利用春节、清明节、端午节、中秋节、重阳节等传统节庆活动，通过文化讲座、经典诵读、征文活动等富有民族特色的文化活动，让广大群众通过阅读的方式欢度传统佳节。

4.建立和完善阅读推广长效机制

全民阅读推广活动不能只是一种短期行为。为了实现这一活动有秩序地发展，就要成立一个领导机构，要建立健全长期阅读推广机制，推动全民阅读推广活动的常态化发展，这一点非常关键。公共图书馆可以考虑设立专门

的阅读推广部门，譬如成立全民阅读推广委员会等组织机构，在经费、人员等方面进行长远的计划与部署，力求以长效机制吸引更多读者的参与，让他们在这一过程中感受到浓郁的文化气息，从而达到参与的广泛性、持续性和有效性。这一组织机构的设立要结合图书馆的具体情况，组建一支专业性的推广队伍，并培养一批具有一定理论和实践水平的专业人才，依托这一机构开展活动的策划、组织、研究和实施。

第二节　图书馆数字阅读推广实践

一、上海市图书馆阅读推广实践

（一）活动整体状况

1.市民数字阅读计划

（1）起步阶段

上海图书馆于 2009 年 2 月启动了数字化阅览项目，它让市民可以借助电子阅览机将馆内的电子书籍通过手机进行阅读。上海图书馆在 2011 年底正式推出"全民数字阅读"项目，在元数据的基础上，构建一体化的全民阅读服务体系。"市民数字阅读"网站上的数字资源整合了馆内报纸、期刊、图书等资源，实现了多种信息的无缝对接，以适应广大用户的移动阅读需要。这是当时我国图书馆界的第一次尝试。上海图书馆与新华书店联合推出的全民数字阅读服务 App，将"新华书店"的功能直接植入到图书馆的网站中，读者登录后可以随时查看，填补了图书在上架之前出现的空白；此外，上海图书馆还与盛大文化联合，为图书馆与互联网地图行业的联合开辟了一个新的领域。这一次联合，标志着本地数字资源真正进入了图书市场，开启了以图书馆为平台为用户提供阅读服务的商业新模式，为广大用户带来更为丰富的数字化阅读体验。

（2）发展阶段

为更方便市民阅读，上海图书馆开发出一款具有触控功能的数码读物自助设备"上图爱悦读"数字阅读自助机。该自助机为用户提供在线阅读、下载图书服务，非常适用于人流密集的地铁站等场合。在大屏幕上，观众可以看到被选择的图书，通过"摇一摇""扫一扫"，一分钟将选择的图书"装书入机"，让图书借出更加便捷和快速。

2015年，"市民数字阅读平台"实现了各种形式的阅读，真正实现了"掌上图书馆"的目标。当前，上海市公共数字图书馆的发展已进入4.0版本，其目标重点是加强公共图书馆的资源集成和网络平台构建。

上海图书馆适应数字化发展需要，积极开展数字化和纸质相结合的综合资源构建，初步建立起具有一定典藏价值的数字资源。截至2015年，共获取245万种数字文献，包括中文全文电子书约200万种、外语全文电子书5万余种、中外文全文电子书刊超过4万种。另外还收集和编辑了13万多种公开检索（OA）杂志，全文近5000万篇。这在全世界范围内都是领先的。

（3）利用支付宝和微信平台，将"图书馆+"与"互联网+"相融合

根据移动互联网的调研数据，数字阅读App的下载量仅次于游戏。随着"互联网+"的到来，以手机、平板等为媒介的社会化媒体逐渐成为了时代"宠儿"，并逐渐成为人们获取信息的主要方式。上海图书馆通过调查上海居民的阅读生态，并注意调查青少年的读书习惯，根据他们的阅读需要，为他们提供精准的对应服务。上海图书馆致力于建设市民网上数字化阅读平台，并在"互联网+"大潮的推动下，于2013年末开通了上海图书馆的微信公众号，为读者提供图书查询、续借咨询、宣传活动等服务。

上海图书馆于2015年4月推出了"图书查询"功能，让市民通过支付宝、微信等渠道，可以方便地阅读育儿、保健、文学等方面的图书。在推出3个多月的时间里，使用支付宝查询、关注和参与的人数已经突破了100万。"互联网+"和"图书馆+"相融合，极大地提高了图书馆在全民阅读中的影响力和影响力。

目前，上海图书馆每周为广大市民推荐7种优质电子书，市民能够在手机端进行免费阅览。上海图书馆"微阅读"栏目推出了电子版、多媒体、视频等多种载体形式，使市民的阅读方式更为多样化。

2.探寻数字阅读服务新领域

（1）稽谱探学开卷寻根——馆藏家谱数字服务新举措

上海图书馆是世界上中文家谱最多的图书馆。为了更好展现和宣传族谱

资料，上海博物馆开展了三项"互联网+"的服务活动。第一项，藏以致用。家谱是民间寻根、祭祖的重要资料，其数量每年都在增加。上海图书馆于2015年初逐步在网上公开了家谱全文阅览，供读者在线查阅。第二项，以技证道。上海图书馆开发了一套以数字人文学为基础的家谱原型系统，该系统不仅能通过概念进行准确查找，还能以直观、交互的形式展示家谱的研究成果。第三项，传播社会积极力量。运用3D与虚拟现实技术，以网络为媒介，让更多人了解中国传统的家规民约。

（2）无障碍数字图书馆

上海图书馆于2011年12月正式启用了中国第一个"无障碍数字图书馆"，其目的是为残障人士、老年人提供一个阅读无障碍的图书馆信息获取平台。图书馆在该平台率先推出可供全文本阅览的电子图书，通过语音导航、内容跟随朗读等方式，残障人士和老年读者能够在整个过程中不受阻碍地进行阅读，同时，可免费收看课程录像，或可阅读或收听有声电子图书。

（3）"上海图书馆——Overdrive少儿数字图书馆"上线

Overdrive（赛阅）是一家拥有30年历史的数码产品提供商，从磁带、CD制品到如今的网络数码图书，Overdrive已与超过34000多家图书馆及学校结成了合作伙伴关系，为广大用户提供高质量的图书资源。2016年上半年，上海儿童图书馆与Overdrive联合成立了中国首个Overdrive少儿数字图书馆，并搭建了一个英文数字图书借阅平台。该借阅平台可为读者免费提供近2000本英文及英文的有声读本，种类包括青少年小说、儿童绘本、经典文学等。

（二）有关推动数字化阅读的思考

1.数字阅读"逆袭"，公共图书馆应顺应潮流

（1）数字阅读的兴起

数字出版可以迅速、方便地满足人们获得和阅读的需求，在最短的时期内为广大读者提供制作精美的电子书，在这一方面它具有无可比拟的优势。

（2）数字网络与传统阅读融合发展

"互联网+"与"图书馆"相融合，为我国图书馆的阅读拓展带来了巨大的发展机遇，为图书馆高质量服务带来了极大的便利。虽然数字阅读多以短文

章和资讯为主，但是一年积累下来其影响力不可小觑。毫无疑问，快速发展的数字阅读有助于推动中国从一个人口大国向阅读大国迈进。"行听书，坐看书"，让零散的时光得以充分的使用，一天阅读半个小时，一年就超过 180 个小时。如果读者能以自己的思路加以链接、整理，就不再是零散的知识了。

其实，数字时代给人们的阅读带来了更多选择的机会，不只阅读纸质资料是阅读，阅读数字形式的资料也是阅读。当前，人们已经了解到了纸质资源阅读的价值，而数字多媒体阅读的价值还需要进一步被挖掘。当前，图书馆最需要做的就是提供优质的数字阅读内容，以满足人们的阅读需要。

2.基于移动互联网推进数字阅读

（1）利用数字阅读推进图书馆转型与发展

创新是图书馆发展的必然要求，图书馆在进行创新发展时应注意兼顾图书馆的理念创新、技术创新、服务创新、服务内容创新和传播方式创新。"互联网+"推动了图书馆服务的数字化，让读者可以随时随地地享受到图书馆的各项服务，在一定程度上保证了民众平等享有知识和信息的权利，是图书馆实现变革的重要途径和手段。吴建中先生认为，当世界上的智能手机人数超过 50%的时候，整个世界都会进入数字阅读时代。在数字阅读快速发展的今天，越来越多的人开始使用数字阅读，在转型期，公共图书馆应该更好地利用数字化信息，推动全民阅读，大力推广新媒体、新技术、新服务，充分发挥移动网络的作用。上海图书馆借助多平台的建设，极大地拓展了数字阅读的服务覆盖面，为读者提供了一个全新的阅读空间。

（2）建设数字阅读精品

事实证明，移动数字阅读可以在扩大读者群体的同时，深化阅读。纸质阅读并不意味着深度阅读，而移动阅读也不意味着就是浅层阅读。阅读层次的深浅，关键还得看这本书的内容。过去，国内的数字图书市场是平台的竞争，而如今，大家更多地关注的是图书质量，急需更多具有原创性、思想性和文学特色的数字图书。阅读推广的实质是让读者对图书有更多的兴趣，而图书的质量才是最重要的，要搞好图书的数字化建设，就必须有自己的特色。

（3）建设多元化数字阅读平台，致力于数字文化空间的开拓

在"互联网+"不断发展的今天，人们的阅读方式也变得更加多样化，而

数字化的阅读方式也为人们的阅读行为带来了新的活力。在传统图书馆管理的基础上，探讨与新媒体、新平台融合的可能性：根据数字化阅读，尤其是移动数字阅读的快速发展，要了解各种类型的用户需求，构建多样化的数字化服务体系。

"互联网+阅读"是一种新型的大众阅读方式。顺应新的读书形式，对"阅读"内涵进行新的扩展已经是一种必然的潮流。就像是一部电子书，你可以随时通过手机阅读。有声读物是纸本阅读的一种扩展。在美国和欧洲，每年的平均读数都包含了有声读本的阅读量。图书馆应加强与互联网、移动互联网、数字出版等领域的协作，为广大读者带来优质的音频服务。现在，"立体化阅读"的时代来临了。讲座、展览、实物图书馆、表演、有声读物的阅读（阅读）也被纳入到了阅读宣传中。因此，应坚持全方位、多维度、多平台的数字图书宣传，促进大众的读书，构建一个良好的文化环境。

3.具体方式

（1）读者第一，服务至上

上海图书馆始终坚持"读者第一，服务至上"的理念。他们根据读者需求调查报告，开展了一系列的活动，深受广大读者的喜爱。上海图书馆每年开展一次阅读情况调查，并形成报告。报告运用数据挖掘技术，对阅读指标进行统计学处理，对读者的阅读习惯、阅读需求做出准确的预测，从而实现对上海地区图书馆阅读情况的综合评价。自2013年起，针对不同读者推出了个性化的阅读账单，其中包含了借阅数量、借阅偏好、借阅行为等个人数据，并在活动的网页上插入互动的信息，让用户可以获得新书推荐、周边馆推荐等个性化的服务。

此外，上海图书馆注重用户经验反馈，了解不同类型的读者的阅读习惯，了解他们的需要，并制订相应的计划，提供更好的对口服务。

（2）推动跨界合作

上海图书馆将传统媒体与新媒体进行组合，并在内容上进行革新，使其收益效果达到最大化。他们与支付宝、微信等网络金融机构进行深度渗透合作，利用各自优势，构建一个融合金融、理财、阅读、消费的数字媒体平台，有效地实现了互联网思维和公共服务的对接。上海图书馆的实践表明，"互联网+"时代的到来与发展为图书馆寻求跨界合作提供了良好的机会。通过与社会各界的良好合作、资源共享，图书馆可以较快地搭建起基于互联网技术的服务平台，在提高效率和降低成本的同时，也能推动传统业务的优化转型，进而推动图书馆事业的发展。总的来说，推动跨界合作，对图书馆的发展百利而无一害，且是大势所趋。

（3）线下与线上的融合并进，关注图书馆数字阅读服务建设

率先认识到数字化阅读将成为图书馆优化转型突破口的是上海图书馆。数字化阅读的优势在于可以把阅读与互联网相结合，借助微信、微博等大流量的社交媒体，将数字阅读推广的相关信息进行传播，同时借助新媒介技术，实现线上和线下的结合，完成对读者阅读体验的优化。此外，新媒体以及移动网络的发展为移动阅读奠定了技术基础，在新媒体方面，图书馆可以借助手机便捷、易用的特性，社交平台即时、强交互性的优势来研发数字阅读相关服务，切实做到图书馆服务"无时不在，无处不在"，提高图书馆的书籍借阅率。现如今，手机是最适合图书馆进行图书推广的载体，因此，图书馆可开发移动数字图书馆 App，为读者提供一个交流与共享的平台。

（4）打造数字阅读的重要平台和场所

图书馆要建成数字化的阅读平台，就必须加大对数字资源的开发和集成。通过建立一个数据库资源或建立一个区域数字图书馆同盟，以实现更多数据库和其他形式数字化信息资源的共享。同时，要加强自身的特色数据库建设，充分了解读者的数字阅读需求，并组织各类培训和阅读推广等，激发广大用户对数字阅读的热情，使图书馆成为数字化阅读的重要平台和场所。

（5）提高图书馆员的数字素质，培养专业化人才

要把数字图书馆做大做强，没有一个专业团队是不现实的。上海图书馆致力于提高馆员的数字素养和服务观念，在不断的摸索和实践中，将"80 后""90 后"的馆员投入到数字资源的开发和推广工作中，注重培育和建设一批专业的数字技术人才队伍。

（6）加强数字资源宣传

为加强对数字资源的宣传与营销，上海图书馆不仅利用网络媒体、微博、

微信公众号等新媒体，而且利用传统讲座、读者互动等方式推广宣传数字阅读，加强读者对图书馆馆藏数字资源的了解。为宣传"市民数字阅读"，上海图书馆在报纸上刊登了一些"市民数字阅读"的宣传标语，并在部分巧克力上印了"市民数字阅读"的二维码，其中一方印着"上图爱悦读"的字样，另一方则印着二维码图样。市民只需要使用手机"扫一扫"功能，就可以跳转到"数字阅读"App 的下载网页。这种别出心裁的推广方式对数字化书籍的宣传起到了很好的促进作用。

二、广西壮族地区的图书市场营销

（一）"阅"动云尖数字阅读推广活动实践分析

近年来，随着数字化资源的持续增加，广西壮族自治区图书馆数字阅读资源量实现了大规模增长，但其访问人数却一直处于停滞状态。为使丰富多样的数字化资源能够造福于广大的读者，让更多的人能够享有数字化的服务，真正实现图书馆的社会职能，广西壮族自治区图书馆对当前数字资源利用人群及群体特点进行了充分分析，利用微信平台，依托图书馆现有数字化资源，对动"阅"动云尖数字阅读（以下简称"阅"动云尖）进行了有针对性的宣传。

1.开展"阅"云行动的前期工作

（1）成立活动小组

"阅"动云尖数字阅读推广活动跨部门抽调了一些来自广西壮族自治区图书馆办公室、网络数据中心、少儿部、借阅部、辅导部、信息服务部、财务科等部门的青年馆员组成"阅"动云尖工作小组，充分利用年轻人思维活跃、善于利用新技术、新平台的特性，积极推荐馆藏数字化资源。此外，该小组在活动策划、组织、实施等过程中，充分发挥主观能动性，大到活动名称的确立——"'阅'动云尖"的诞生，小到活动的各种细枝末节，均由组员商议投票决定。

（2）选取活动对象

据广西壮族自治区图书馆新增读者年龄资料显示，图书馆新读者大多集中在 19—35 岁这一年龄段，数字阅读人群也是"00 后""90 后"人数居多。正因为如此，广西壮族自治区图书馆开展的"数字阅读"宣传计划以 19—35 周岁"00 后""90 后"青年为主要目标。

（3）确定活动形式

微信作为一种全新的社交方式，它的特征是"微"，它能以简洁的方式传达准确、全面的信息，互动性强，受众面广，是一种新型传播媒体，它具有成本低、信息互动性强等优势，受到青年人的喜爱。因此，"阅"动云尖选择了不受时空限制、人力资源耗费少、平台用户活跃度高、综合效果评价好的微信作为推广平台，向更多的参与者展示活动的内容和设计。

2. "阅"动云尖推广模式分析

通过广西壮族自治区图书馆微信公众号平台，"阅"动云尖在特色节日期间推出了几款融合了数字资源检索和利用的小游戏，利用微信低门槛的线上传播渠道，提升公众号的影响力与关注度。此外，利用游戏中相关知识比例的调整，可以引导关注者登录数字资源网站并进行搜索，通过小游戏提高关注者对图书馆数字信息化的认知水平，吸引关注者办理电子认证，推动更多游戏关注者向数字资源读者转变。

（1）前期吸粉

"阅"动云尖"吸粉"方式主要体现在游戏的设置上，在游戏设置方面增加了转发分享环节，为了吸引到更多的粉丝，必须把自己的作品分享到朋友群里，让好友们帮自己转发，同时参与抽奖。这款游戏很容易上手，所以很多原本的"忠实粉丝"都会在平台上进行分享和转发，因为这是一款需要好友帮助的游戏，所以很多人都变成了"粉丝"，又通过分享和转发，让更多的人了解该活动，因此，是一种很好的活动宣传方式。

（2）行为引导

引导"粉丝"行为的关键在于引导用户利用图书馆的数字化资源进行搜索，以此来完成游戏。比如，本次"'三三'文曲星"游戏，就是以壮族的"三月三"为主题，通过对"三三"知识的问答，使广大读者能够更好地理解壮族"三月三"这个节日，从而进一步加深对"三月三"的认识，同时也可以对图书馆的数字资料有一个大概的了解。第一期活动"看图答题"，该游戏让用户辨识出广西壮族自治区馆藏各类资料图库的名称，了解广西壮族自治区图书馆资料情况。在第三阶段的"'方'踪易寻"游戏中，读者可以登录广西图书馆的官网，从万方资料中查找自己感兴趣的作品，如果能够根据建议进行在线阅读，还可以进行抽取，以此来更好地引导用户利用数码资源进行文献搜索。上述的一些小游戏都是采用寓学于乐的方式，让"粉丝"们在参与游戏的过程中对图书馆的数字资源有一个大概的认识，为下一步转化为目标用户做了铺垫。

（3）转化成目标客户

该活动除举办了一些小型游戏，还进行了一次读者的电子问卷调查，问卷包含了读者参与活动的方式、对活动的满意程度、对图书馆数字化资源的认知度以及对活动的评价与建议等。第二期活动的调查问卷设计了一个很有创意的主题，在展示图书馆的数字资源（包含的数量、种类等）的基础上调查读者的偏好，并引导读者在网上预约的过程中了解信息资源是如何使用的。填写问卷可以使读者更深入地了解到图书馆数字资料的正确使用方式和价值，也可以使图书馆根据读者体验和建议来完善图书馆的资源建设，让读者对图书馆产生归属感。部分读者在参与游戏、填写问卷后，会主动办理图书馆的电子借阅证，如此，这些读者就完成了由"粉丝"向数字资源用户转变的过程。

3."阅"动云尖推广实践效果分析

（1）直接效果分析

数据的变化是推广活动成效的最直观体现，如参与人数、电子证件申请情况和图书馆数字资源的使用率变化等，以下以"阅"动云尖两个阶段的数据资料对活动的直接效果进行分析。

微信公众号的关注人数：比较"阅"动云尖两次活动，广西壮族自治区图书馆微信公众号，微信粉丝人数由原来的 19458 人增至 28904 人。经过两次的宣传，广西壮族自治区图书馆的用户关注数占活动前关注数总量的 48.5%，这几组数据显示，"阅"动云尖的宣传提高了公众图书馆的微信公众号的关注度，达到了预期的效果。

参加"阅"动云尖人数："阅"动云尖活动前两期的参与人数分别是 8212

人和 4364 人。第二期活动由于只设定了一天，并需要到场参与，所以参与的人数比第一期要低，但每天参与人次却大幅度增加，这也从一个侧面说明了该项目获得读者广泛的认可，其广告宣传的作用也逐步体现出来，使更多的人开始主动地参加该活动。

活动转化目标用户数（即增加的持电子证人数）："阅"动云尖的前两期活动，拥有电子证的读者数量分别增加 321 名和 1046 名，第二期电子证增加人数是第一期电子证增加人数的 3.3 倍，由此可以看出此次活动促使越来越多的民众完成了由微信关注用户到数字资源读者的转变过程。

数字资源的使用频率：与上午相同时段比较，"阅"动云尖两期活动后，广西壮族自治区图书馆利用数字资源利用频率从 43363 人次增加至 284932 人次，同比增长了 557.09%。可以说，该活动导向清晰，参与者通过这些活动认识到图书馆的数字资源是对他们有利的，而且可以免费使用，这增加了图书馆数字资源的利用效率。

活动调研问卷的收集：前两期活动所获得的问卷调查数分别为 857 份和 3812 份，而第二期获得的调查数是第一期的 4.4 倍，可以看出读者对这一活动的认可度越来越高，且愿意通过此项活动主动参与图书馆的工作，为图书馆的发展提出建议。

（2）参与者对活动的认同度

就拿第一期活动的调查数据来说吧。857 名受访者中，有 831 名表示该项目以微信互动方式呈现给参与者的模式可取，比例达到 97%；对此次活动满意度调查发现，有 781 名受访者认可此类活动，比例达到 92.3%。调查资料显示此次活动比较受欢迎。

（二）开展数字阅读推广活动的经验总结

1.大众化的操作模式

降低活动操作的技术门槛可以极大地提升读者参与活动的热情。如今，人们的生活节奏普遍较快，若有一项不受时间与空间限制、有较好操作体验的活动，便能在很大程度上吸引读者参与其中。"阅"动云尖推出的游戏，受众人群广，老少皆宜，且游戏内容丰富有趣，操作简单，单局耗时短（即便是路人停下脚步也能很快参与完成）、规则通俗易懂，吸引了不少读者参与。

2.多样化用户群的拓展

虽然数字阅读的用户越来越多，但主要群体是 19—35 岁的年轻人，这个群体以学者、研究员及数字产品爱好者为主。对用户群体进行分类，有助于提高推广的效益。"阅"动云尖会根据不同群体的不同需求来定期推出不同主题的活动，例如，第三期活动的受众群体主要是研究员和音乐爱好者，因此在设计活动时，"阅"动云尖充分参考相关的资料库以满足该受众群体的阅读需求。在以后的发展计划中，"阅"动云尖还将扩大更多的受众群体，针对不同年龄层的用户需求，开展相应的专题宣传，让更多的人受益。

3.多元化的推广渠道

活动是否能取得好的效果，和前期的广告宣传是分不开的，而多样化的营销方式可以使广告的传播更加广泛，从而将数字媒体的营销效果最大化。"阅"动云尖采取了线上和线下相结合、馆内和高校结合、多种宣传媒体投放的宣传手段。网上推广方式以馆内网站、微信平台、自媒体等为主导；后续宣传以展板、现场宣讲为主；馆内推广以发布公告、微信转发为主；高校的宣传工作，是与广西大学等 9 所高校图书馆合作，利用设置活动展板、网站悬浮窗、微信群发信息等进行宣传；各种宣传媒体都在为这次的活动做准备。"阅"动云尖团队在宣传方式的挑选和运用上表现得极为得心应手，只花费了十天左右，就引起了巨大的关注，在节日期间，"阅"动云尖的单日参观者甚至突破千人。

（三）开展数字阅读推广活动的思考与展望

数字推广是图书馆阅读推广工作的大势所趋，是现代化公共图书馆不可或缺的公共服务模块。如今，数字阅读推广仍处于探索与发展阶段，尚未形成完善的推广体系，难免存在不足，这些都需要图书工作者在日后的工作实践进行优化和完善。

1.长远规划推广目标以打造活动品牌

当前，我国大多数公共图书馆在开展数字资源阅读推广活动时，都是依赖于国家图书馆"网络书香"活动的主题，内容差不多，缺少创意，而且大多是在大型节假日期间进行，缺少长期的策划。在实施数字资源阅读推广的过程中，要根据图书馆的特色，进行长期的规划，并确定相应的发展方向。在活动的方式上，可以将当下的流行元素和传统元素结合起来，并做好品牌定位，打造具有图书馆特色的活动品牌。广西壮族自治区图书馆致力于打造具有广西壮族自治区特色的数字资源阅读推广品牌，通过调研和实际探讨，于2017年初正式启动了广西壮族自治区数字资源阅读推广活动。

2.正确处理读者的个性和共性之间的矛盾

在开展数字资源阅读推广时，可以根据读者的特点，为其提供更有针对性的服务。但是，在实践中，由于受到多种原因的限制，使得图书馆难以做到对读者开展一对一的个性化服务。所以，要在把握读者个性的基础上，寻求他们的共同特点，力求准确划分广泛而又不失特性的目标群体。

3.有效化解数字阅读推广内容与传播矛盾

若数字资源的载体太多、内容太复杂，就会给数字资源的普及带来困难。所以，在推广数字资源的过程中，要注意传播效率和传播效果的平衡，既要保证传播的效果，又要保证活动的质量。考虑到这一点，每一次的宣传活动设置一到两个主题为宜，尽量让对相关话题感兴趣的人积极参加，并获得有效的用户活动资料，以确保广告宣传的效果。

三、重庆图书馆阅读推广活动

（一）重庆图书馆阅读推广模式

重庆图书馆是我国最积极开展阅读推广模式创新探究与实践的公共图书馆之一。在对现今的新媒体传播渠道和手段进行深入研究和分析后，重庆图书馆与重庆科技馆建立了合作关系，将图书阅读与技术相结合，改善读者的阅读体验。截至目前，双方在阅读与科技的合作已有显著效果，且主要表现在文化传播方面：第一，构建了一个全新的综合性的新媒体信息平台，实现了网站、微信、微博等网络新媒体多维并用的信息化服务。第二，在图书馆和科技馆中分别安放数字科技馆和电子阅读器，让更多的民众感受科技与阅读的乐趣和魅力。第三，开展"科普大篷车+流动图书车"同步活动，让图书走出书柜，走向有需要的师生，为重庆中小学师生提供亲切便捷的图书借阅服务。重庆图书馆将阅读与高科技和新媒体对接，多维推进阅读推广活动的创新发展，如今，科普教育培训、虚拟场馆建设、科技与人文专题展览等领域均已取得突出成效，真正做到了为人民服务，为城市居民科技和文化素养的提升做出巨大贡献。

（二）基于新媒体视角对公共图书馆阅读推广模式的思考

1.借助微博、微信，开展信息推送服务

在新媒体条件下，大众广泛使用的微信、微博成为公共图书馆在新媒介环境下进行新闻传播的最佳途径，公共图书馆可以通过这两个渠道，将自己的知识传播出去，比如新书推荐、图书评论、图书馆新闻、培训等方面，通过微博和微信传播的信息的速度会比其他媒体快得多。然而，在运用这两种媒体的时候，必须做到准确定位、及时更新、全面服务、管理到位，这也是该领域研究的一个难题。

2.建设移动图书馆，开展手机阅读服务

手机阅读是一种新的阅读方式。因此，图书馆有必要对手机阅读进行研究和讲解，为广大用户提供手机阅读服务。手机服务是基于 WAP 的图书馆移动信息服务。用户通过手机的网上阅览服务，能及时完成查询书目信息、借阅信息、预约、续借等业务，方便用户在任何时间、任何地点利用手机阅读书刊。

3.完善服务功能，营造阅读氛围

馆藏资源是国家的一种重要的资源。图书馆的基本职能是保存纸质文献，但是，如何提高纸质资源的阅读率却是图书馆工作的重点和难点。即使在无纸化的新媒体时代，公共图书馆也要充分利用自己的优势，力求把广大读者吸引到图书馆中。要达到这种效果，就必须营造出优美、舒缓的阅读环境。阅读环境包括硬件资源和软件资源，其中硬件资源包括阅读空间、阅读资源、阅读设施等，软件资源包括阅读行为规范、阅读服务、阅读指导。

第三节　图书馆经典阅读推广实践

一、南京图书馆阅读推广活动

（一）致力于打造"南图阅读节"的阅读品牌

1.主题精选、经典宣传

南京图书馆经典阅读推广的一大闪光点在于,将中国经典名著和地区特色文化相融合,充分联合媒体力量,开展了一场主题鲜明的经典阅读盛会。从 2010 年开始,南京图书馆每年举办一届以"和名著对话,与大师同行"为基调的阅读节,同期举办一场定名为"嘉惠论坛"的主题论坛,其最大特点是每年选择一部经典名著,确立一个主题,邀请各领域著名专家学者同聚一堂,就相关主题发表演讲,为读者深入解读每部名著精义。另外还围绕名著和主题,举办形式多样的各类活动,普及相关知识。前十二届已解读《红楼梦》《西游记》《水浒传》《三国演义》《论语》《孟子》《老子》《庄子》《史记》《资治通鉴》《诗经》《毛泽东诗词》等经典名著,可以说用 12 年时间,让广大读者系统感受了中华典籍经、史、子、集的无穷魅力。经过多年的精心打造,以解读经典名著为重点的南图阅读节,已产生了积极的社会影响和品牌效应,受到公众和媒体的广泛关注。

2.论坛讲座、互动交流,多层次解读经典

南京图书馆的经典读物宣传活动,由业内顶尖专家、青年学者、普通民众共同参与,通过专题演讲、互动评论等形式,从不同层面、不同角度解读经典,并将经典解读的方法与体会传递给广大市民,从而引发人们对经典的探究之心。例如,2022 年的第十三届"南图节",邀读者共读的是《世说新语》,以"传神写照——《中华传统文化百部经典·世说新语》鉴赏与解读"为主题,邀请了国内众多知名学者专家,从不同的视角对其进行了主旨演讲和专题报告。另外,对于无法到场观看的读者,"南图网"亦开设专题栏目,让网民观看网上直播,进行线上互动。

3.馆藏图展、影视赏析，多角度呈现经典

以选择为中心，将收藏精品进行集成，对图书进行二次挖掘，打破了"文本"的传统宣传模式，引进"图"阅读——为激发读者对经典的阅读兴趣而设计、介绍的专题展览；"影"读阅读——通过影视作品或影视作品来激发读者对古典阅读兴趣；"赛"读书——在智力竞赛中引入经典作品，提高读者的读书阅读积极性。多维度、多角度地展示经典是南京图书馆经典阅读推广的又一闪光点。

比如，以《红楼梦》《西游记》《水浒传》《三国演义》为主题，策划了不同版本图书插画展览，以古典名作为主题，举办设计作品大赛、不同版本名著影视戏曲片赏析、人物画邀请展、读者知识比赛等通过多种方式，使人们对古典名著的关注度大大提高。

4.推荐书目、评选颁奖，多项目推广阅读

除了年度和季度的图书推荐栏外，南京图书馆还设置了各种图书的推荐排行榜，以供读者参考。2010年，南京图书馆陶风读书奖正式开始评选，该奖项的评选主要有两步，一是依据全国的阅读状况，推出一份由读者自行评选的书单；二是由书评、出版发行、图书馆及相关产业的专业人士共同组成评审团，对所选书籍进行最终评审。这是中国首次以省图书馆为主办单位的图书评比，与"国家图书馆文津图书奖"相辅相成，在引导大众阅读、提升大众的人文素养和文化素质上，形成了"北有文津，南有陶风"的局面。此外，南京图书馆还与江苏省作家协会联合开展了"江苏文友联谊会"，活动期间还开展了生动有趣的沙龙和朗读会活动。

（二）利用品牌延伸服务活动，倡导经典阅读

1.每逢双休日固定开讲南图讲座

"南图讲座"是南京大学举办的公益性、普及型的人文专题节目，活动一推出，就吸引了众多市民参加。到南图参加周末讲座，已经成为民众消遣和体验文化的方式之一。南京图书馆在"古典名著"系列讲座中，着重于从多个层面来阐释古典名著，从而引起人们对古典的理解和反思。首先，是以文字理解和历史文化为线索，以没有深厚文化底蕴的初学者为主要对象，对

经典诗歌进行阐释；其次，融入地方文化特点，让读者更好地理解周围的经典作品；最后，将目光投向国外，通过对中国古典名著在国外传播与影响力的剖析，中西对照，深入了解古典名著对人文关怀、对社会的意义。

2.定期推出南图会展

南图会展始终贯彻积极、健康、向上的理念，以"雅俗共赏""寓教于乐"为核心，自主设计、开展了一系列以"图"阅读为主题的图书会展，使广大读者对经典名著有了更深刻的认识。"名著插图系列主题展"是南京图书馆以"图"为载体的一次经典作品宣传活动，其最显著的特点就是：选取了许多古代和现代的名作，并以专题的方式进行了介绍。

南京图书馆还特别策划和制作了"儿童名作专题展览"和"名家作品专题展览"以满足小读者的经典阅读需求，这些展览每两年举办一次或两次，所有展板均由专业人员设计，图案美观大方，为读者创造了一种良好的视觉享受，极大地满足了以图画为基础的快阅读需求。

3.开展陶风读书会

从虎踞路旧址开始，南京图书馆就围绕"诵读经典 陶冶心灵"这一主题开展了大量经典阅读推广活动。2007 年南京图书馆新馆落成以来，经典诵读活动次数每年都有大幅度增加，2009 年更是将"诵读经典 陶冶心灵"这一传统的阅读方式进行了整合，正式成立了"陶风读书会"，主要对传统诗词、文赋、古典诗词等进行简要解读。该活动在推广中国传统文化等方面为广大市民所认可，曾获得"第七届江苏读书节优秀活动项目"称号。

二、关于深化公共图书馆经典阅读推广的几点体会

近年来，南京图书馆大力开展各种传统经典阅读推广活动，并逐渐形成标准化、系列化、特色化特征；但要准确地掌握免费开放后的读者心理与文化需要，塑造大众喜欢的文化品牌，仍是一项艰巨的任务。我们可以通过学习现有的经典阅读和宣传的方法，更好地理解和把握读者的需求，从而构建一个多层次的经典阅读促进体系；切实提升古典读物的宣传力度和广度。

（一）以"大众点评"的形式对今年的经典读物主题进行投票

有专家指出，一部作品的好坏有三个衡量尺度：阅读之后，你的感受是积极还是颓废？在阅读之后你是否有向他人推荐的热情？十年后遇到这本书，你还会不会再读一次？从这些尺度中，我们可以深刻体会到，不管阅读媒体有多么多元，在阅读推广中，必须紧紧抓住"内容"这一关键；而对于内容最有发言权的是读者。为此，我们认为应搭建一种有效的"大众点评"平台，来推进传统经典阅读的推广，例如，在每季度或每年一次的图书借阅排行榜上，为经典图书开设一个独立的排行榜，并加入读者评论功能，采用大数据系统分析读者阅读需求，推荐相关经典图书；为每年评选出的优秀读者及阅读沙龙的成员，提供免费阅读年度经典书籍或电子书籍服务，并引导他们为阅读的书籍写书评。此外，还可以邀请读者对年度借阅图书、作者、主题等多个方面进行投票，从中挑选出一本年度经典作品。

（二）利用名人效应为活动内容注入更多正能量

名人往往能从阅读中品出许多对成长有益的内容，所以他们的读书方法和经历都是很好的参考案例。在经典图书推广中，公共图书馆可以充分发挥名人效应，使名人与经典阅读相融合。比如，在一年一度的"影响名人的一本经典读物"活动中，南京图书馆都会以访谈的形式让更多读者了解到名人的成长历程和阅读经历，以此来提升大众对经典名著的关注，推动民众的身心健康发展。在此期间，还可以邀请朗诵名家现场朗诵经典作品的片段，为读者带来更多的艺术享受，提升读者的审美体验。

（三）联手高校馆，打造"大学城""百姓城"双城阅读盛宴

南京图书馆的读者大多拥有较高的文化水平，拥有大专及以上文凭的读者占读者总数的 68.33%，其中在读大学生又是主要阅读群体。为此，南京图书馆与东南大学、南京大学等高校图书馆合作，逐步开展了图书馆间的图书互借、转送等服务，从整合发展、推进阅读的角度出发，在经典阅读推广活动中开展图书馆间的合作，例如，在经典阅读推广活动中，除在公立图书馆设立主会场外，还可以在其他大学图书馆轮流设置分会场。

通过举办经典作品赏析活动，让广大青年学生更加关注经典阅读，给广大在校大学生特别是理工类专业的大学生带来更多的人文关怀。

（四）优势互补，帮扶引导民间阅读组织，推动和引领全民阅读

当阅读的人变多后，阅读就会成为人们社会生活中不可分割的一部分。民间阅读组织是促进经典阅读融入人们社会生活的一股重要力量。通过一"扶"、二"展"、三"评"、四"引"的方式，推动了我国民间全民阅读推广工作。"扶"即给一些处于发展起步阶段的民间阅读组织赠送经典名著；"展"即在图书馆官网设立一个关于经典阅读宣传与推广的独立栏目；"评"即每年举办一次"优秀民间阅读组织奖"；"引"就是通过邀请著名专家学者开设讲座，对民间阅读推广组织开展培训，促进其良性发展。

（五）开设微博，建立沟通平台，共享读书心得

经典阅读推广活动，重要的不是我们花了多长时间，而是在这种活动中我们的读者领悟到了什么，是否真的受到感动，是否有一个可以表达自己感悟的平台。从这一角度来讲，经典阅读实际上是一种社会交际行为，现在网上最流行的网络社交平台，可以帮助读者更好地了解经典，表达自己的感悟。南京图书馆应该利用自己的服务优势，借助阅读节举办的机会，开设相应的微博和博客，以促进读者通过网络互动的方式来享受经典阅读，同时积极关注读者所分享的在图书馆阅读经典的愉快经历，并进行评价和转载，从而达到活动推广的目的。

（六）围绕每年度的经典阅读活动，建设"经典记忆"专题数据库

在信息化发展的时代背景下，南京图书馆积极开拓、勇于进取，在服务水平、探索资源存储、经营管理等方面，开展了多个新的活动组织模式。在今后的经典阅读推广工作中，南京图书馆应将过往数字资源推广服务与年度经典阅读推广主题相结合，构建"经典记忆"特色数字资源库。比如，"中国记忆"工程、美国国会图书馆"美国记忆"工程等，都在"变藏为用"、"以用促建"、创新资源利用方式上进行了一些有益的探索。"经典记忆"

数字化资源库既能对现存文献进行整理与补充，又能面向广大读者举办相关文献、图片、手稿、实物和口述资料的收集活动，引导人们通过自愿捐赠和上传文献的方式来丰富馆藏，有效推动人们更好地"亲近经典资源，享受数字阅读"。

三、杭州图书馆开展"经典诵读"的宣传

（一）杭州图书馆阅读推广现状

1.打造本馆经典阅读品牌

很多文学经典，特别是古代文学由于文言文晦涩难懂，缺乏专门的人来解读，让不少本来想要阅读的人由于不能理解其中的含义而不得不放弃。专家学者对古典作品的解读和阐释对大众阅读古典具有引导、启发和启示的作用。为构建优秀的社会化全民阅读推广体系，杭州图书馆开展多项用心诠释经典活动，深受读者青睐。例如，杭州图书馆的特色传统文化品牌"国学九十九讲"活动，该活动由杭州图书馆和台湾海峡两岸文教经贸宗教交流协会联合举办，深受读者欢迎。其中最受读者欢迎的活动之一，便是由台北市立教育大学进修部主任、台湾德明财经科技大学前校长陈光宪主讲的《诗经与家风》。《诗经》是古人言行举止的参考准则，是儒家学者的必读书目，它其中所包含的世间常理、处世原则、人生哲理等内容都是中华传统文化中不可或缺的瑰宝。陈光宪教授通过挖掘、提炼、分析讲解古典诗词中蕴含的优良家训和家风，使其重现于现代生活之中，对现代家庭教育有着极重要的借鉴意义。杭州图书馆发挥阅读推广的阵地作用，定期邀请全国各地的国学大师到馆讲述现代视野下的中国古典文化，引导广大读者自发弘扬和传承中华传统文化。此外，杭州图书馆还通过互联网积极向海外侨胞和国际友人宣扬中华文化中蕴含的精神与力量，让中华文化走出国门，走向世界。

2.重视对重点人群经典阅读的启蒙教育

梁启超先生曾言："少年智则国智，少年富则国富，少年强则国强，少年独立则国独立。"故而，在时代飞速发展的今天，我们更应引导青年人将阅读的目光聚焦于经典名著上。"名家讲座"是由杭州图书馆和《都

市快报》联合举办的阅读推广活动，该活动定期邀请教育专家、知名作家、金牌编辑等就阅读与写作方面与家长进行交流沟通。例如，兼职编辑的作家袁敏，便曾给家长和学生上过一节别开生面的作文辅导课，他在课上积极引导孩子进行经典阅读和行走，尤其是行走，他认为行走是一种更为人文、感性的阅读，孩子们可以通过行走更直观地感受世界、拓宽视野，在丰富孩子知识面的同时，提高他们的社会交际能力，潜移默化地提升孩子的阅读与写作水平。袁敏老师给出的两条建议中，没有呆板无趣的应试技巧，没有一步到位的捷径，令在场的各位学生和家长都有种茅塞顿开的感觉。

3.注重创设国际化、多元化的阅读情境体验

将阅读与我们的日常活动结合起来，打破空间和场所的局限，不局限于图书馆和藏书柜，而更应做到让人看得见、摸得着、放不下，一改以往忽视阅读环境场景建设的弊病，将看似互不相干的场景拓展开来，不管是现实的还是虚拟的，都可用于阅读推广。杭州图书馆在宣传经典图书时，非常重视情境的营造，采用多种方式向大众推介外国经典作品。

（二）公共图书馆经典阅读推广的思考

1.开展各种形式阅读推广活动，提高全民阅读积极性

为了激发广大市民的读书热情，图书馆应采取各种方式进行宣传和推广。例如，联合各界人士，举办"释放活力，激扬文字"人文走读等"读书+步行"推广活动，精选古迹众多、人文荟萃的路线，并请"当地通"一路解说历史典故、风物传说，引导人们在锻炼身体的过程中，体验"诗意的栖居"；联合杂志、摄影协会、网站等组织，从多个视角展示精彩的阅读瞬间；通过组织"朗读+阅读"系列活动，与传媒共同开展"让我们一起朗读"系列读书沙龙，让社会各界群众走上舞台，把自己的人生经历说给大家听。

不管是开展什么类型的经典阅读推广活动，其根本目的都在于为不同类型的读者提供个性化的阅读服务，以此来调动读者的阅读热情和兴趣，让读者爱上阅读、学会阅读、提高阅读品位，让更多读者将经典阅读当作生活的内在精神需求。

2.打造专业导读人团队，加强志愿者队伍建设

公共图书馆应建立"民间阅读联盟"，加大与民间阅读机构的合作力度，发掘具有职业素养的导读人，组建高质量的导读人队伍，增强宣传力度。可以在公共图书馆设置"阅读指导咨询师"岗位，为人们的阅读活动进行专业性辅导，并向读者推荐各种类型的阅读图书，使他们能够更好地进行阅读。与此同时，要加强义工的训练。在开展阅读推广过程中，要充分吸收有一定技能、教育经验、阅读推广意识的义工，将其组织起来，安排到具体的组织、策划、宣传、实施当中去。同时，公共图书馆还需加强员工有关阅读指引、评价等方面的服务培训，优化完善人才培养、筛选、评价和激励体系。自2005年起，中国台湾高雄图书馆便开始开展"故事妈妈"的培训以及认证工作了，此外，中国台湾台北市立图书馆还面向讲故事的志愿者服务群体设置了服务热忱奖、特殊贡献奖和资深服务奖。志愿者们可以在参与阅读推广活动的过程中，潜移默化地提高自己的阅读推广水平，进而逐渐组建起一支优秀的阅读推广队伍。但不管是招募更多的志愿者还是组建优秀推广队伍，最终的目的都是为了吸引更多民众参与到阅读推广活动之中。

3.建立有效激励机制

阅读推广与阅读教学不同，我们不能将经典阅读变成一种负担，而是要站在读者的立场，根据读者的阅读习惯，制定适当的奖励措施，以使读者的阅读更加持久和广泛。在推广经典图书、鼓励阅读的过程中，应让人们能够在畅所欲言的同时，了解他人想法和观点，以此来满足读者的阅读分享欲。王安忆、余华、莫言、张爱玲、莫泊桑、雨果、契诃夫、欧·亨利等国内外著名作家的作品得到了读者的一致好评。在分享会上，每个人都可以分享自己从阅读中收获的生活感悟。此外，图书馆还可以通过制定相关的奖励措施，来推动图书阅读的宣传，比如专门制作的小礼物，虚拟的等级、积分、排行榜等，这样才能让读者获得更多的荣誉，从而促进经典阅读活动更持久地开展下去。

4.以新技术为基础，为读者提供个性化的阅读服务

个性化服务将是图书馆今后的一大发展方向，在引导读者阅读经典的同时应为读者提供个性化的阅读服务。杭州图书馆借助新科技，开展了"悦读"

"悦借"等多种形式的阅读服务活动。"悦读"服务是杭州图书馆为读者提供的一项个性化服务活动，即读者可以从书店选购自己喜欢的图书，然后凭借阅证借阅，购书费用由图书馆支付，其目的是为读者提供免费阅读的便利。该举措的实施使广大读者从文献资源的接受末端转变成发起者，有效地克服了以往借阅周期长、借阅困难等问题，极大地激发了人们的阅读热情，为广大读者提供了更多的阅读机会。而线上的"悦借"服务模式是，读者只需通过互联网对想要的图书进行搜索和下单，图书馆就可以将图书通过快递的方式送到读者手中。随着互联网技术的发展，过去位于书店、读者、图书馆之间的壁垒被打破，读者足不出户就可以阅读到书籍，极大地提升了读者的阅读热情。同时，公共图书馆还可以通过互联网技术进行大数据分析，精准把握读者阅读偏好，实现阅读推广个性化、深入化、持久化。

　　另外，图书馆可以利用馆内特有的设备、环境等资源，为读者开展检索和现代新媒体技术应用培训，有效推动多元阅读媒介和阅读推广新模式的衔接。例如，可通过微信、微博等大流量互动平台推广经典阅读；在图书馆官网开设经典导读模块，读者在该模块搜索经典书籍的名称、介绍、评价、解读等；利用互联网技术，开展名家在线交流、书籍讲座、论坛、线上读书会、微博互动等。此外，图书馆也可以推荐系列经典影片供读者选择。总之，通过现代科技手段，可以增加读者阅读经典的方式和形式，提高读者阅读质量。

第五章 儿童及青少年阅读推广现状

第一节 儿童及青少年阅读推广模式概况

随着社会的发展和进步，我国公共图书馆越来越重视儿童阅读的推广工作，甚至全国各地的图书馆都将服务的重心转向儿童读者。北京等发达城市曾于 2006 年开展过"中国儿童阅读日"系列文化活动，该活动一经推出就在社会上引起了较大反响，进一步促进了公共图书馆有关儿童阅读推广方面活动的开展。此外，为推动儿童阅读推广活动的开展，各地公共图书馆都设立了儿童专用阅览室，并举办多项生动有趣的儿童阅读推广活动。

一、公共图书馆开展青少年阅读推广服务的可行性与重要性

（一）可行性

在公共图书馆开展儿童阅读推广服务的可行性，主要体现在公共图书馆所具有的服务优势。

1.资源优势

图书馆的藏书种类很多，其中励志、知识、劝学等适宜儿童阅读的书籍数不胜数，有助于为儿童树立正确的人生观和价值观。同时，图书馆拥有的数字化资源也非常多，儿童读者既能在图书馆借阅，又能通过互联网进行网上阅读和下载，极其便利。在更新频次方面，公共图书馆将大量的资金、物力投入到纸质文献、数码资料的更新中，最大程度地满足了儿童的阅读需求，为儿童阅读提供了强大的信息资源保证。

2.人才优势

近几年，全国各级公共图书馆都加强了对馆员队伍的建设，培养了一批既有一定理论基础，又具备丰富实际工作经验，能够针对不同年龄段的不同需要，制定有针对性阅读方案的图书馆员。这些图书馆员既能为幼儿读者提供科学可靠的宣传服务，又能充分发挥其自身的优势，激发儿童阅读的动力和热情。

3.环境优势

公共图书馆的最大优势是具有独特的空间环境，其占地面积较大，可设置独立的儿童阅览室，为儿童营造一个轻松、愉悦的阅读环境。儿童的心理特点决定了他们需求的阅读环境与成人有很大的差异，应以有趣、轻松为主，因此无论是书架等硬件设施，还是书籍、多媒体读物等阅读材料，都应表现出明显的儿童心理发展特点，重视儿童身心健康问题。

（二）重要性

在社会与科技飞速发展的推动下，人们的物质生活得到了极大的提升，但在物质需求得到满足后，人们对精神文化水平提出了更高的需求。国家与党中央对文化建设高度重视，并围绕文化强国战略提出了一系列具有重要意义的大思路。要加强民族文化软实力，必须从思想和品德两方面入手，为民族文化软实力打下坚实的基础。儿童是国家未来的中流砥柱，是国家发展的根本，因此，加强儿童的文化素养就显得尤为重要。

人生来就有阅读权利，与年龄无关。联合国《儿童权利公约》明确指出，未成年儿童享有受教育权，享有接受信息权和阅读权。中国流动儿童超 2000 万，残障儿童超 6000 万，农村留守儿童更是数不胜数。高尔基说过："书籍是人类进步的阶梯。"因此，政府和社会应对儿童阅读，特别是农村儿童的阅读投入更高的关注度。书籍虽对儿童的成长有益，但儿童并不具备判断书籍好坏的能力，且现在市面上流通的书籍大多良莠不齐，为防止儿童受劣质书籍的影响，公共图书馆应主动承担为儿童推荐符合年龄阶段经典著作的职责。适合儿童进行阅读的场所较多，例如，家里、学校、图书馆借阅室、书店等，而其中对儿童阅读推动作用最大的就是图书馆。

我国文化建设事业进入了飞速发展阶段，为顺应社会发展的潮流，公共服务体系应持续完善和优化自身体系结构，以此来更好地履行教育推动和群众阅读职责。公共图书馆是一个重要的终身学习基地，也是促进儿童阅读的重要阵地。随着我国公共图书馆由省至市、区的推广与发展，公共图书馆的公共服务资源得到了更广泛的利用。儿童作为读者群体的重要组成部分，在公共图书馆中的作用也逐渐显现出来。公共图书馆的服务是一种综合性、无界限的服务，但现有的图书馆服务研究多以成人或某些特定的人群为主，对儿童和青少年的关注较少。

《公共图书馆宣言》曾提出："公共图书馆要帮助儿童养成从小阅读的习惯，激发其想象力和创造力，促进他们对文化遗产、艺术、科学成就、发明创造的认知和了解。"

通常情况下，不管是多么小的图书馆，其藏书数量肯定比一户人家的全部藏书加起来还多，所以到图书馆去看书是阅读成本最小的方式之一，这也是很多人选择去图书馆读书的原因。大部分的儿童读物都是图文结合的，且以图片为主，每本大约 20 页，能满足识字有限、陪同阅读和阅读时间短的幼儿读者需求。这种读物有利于激发孩子的创造力和想象力，也有利于幼儿心理的健康发育。事实上，幼儿时期是习惯形成和发展的关键时期，自 21 世纪初期开始，一种重视儿童阅读和学习的潮流开始兴起，社会对图书馆开展儿童阅读活动的需求也开始与日俱增。在资讯时代，孩子们接触互联网与信息的时间较早，易受外部不良资讯的干扰。为此，图书馆应开展系统化、科学化的阅读推广活动，通过对幼儿自主阅读能力的训练，有效促进幼儿阅读兴趣和阅读素质的提升。总的来说，公共图书馆开展的儿童阅读推广活动，对于培养幼儿的良好行为，为幼儿打下良好的基础，促进整个社会的文明程度，都有着重要的意义。

二、国内图书馆儿童阅读推广的服务模式

现今，我国公共图书馆使用的儿童阅读推广服务模式大致有第二课堂模式、体验教育模式、资源输出模式这三种。

（一）第二课堂模式

第二课堂模式突破了以往阅读推广活动的场地限制，将活动场地延伸至社会范围，例如社会机构、社区、学校等地。无论什么习惯的养成都不可能一蹴而就，因为习惯的养成是一个持久的、潜移默化的过程。有部分图书馆提倡在社会、家庭、学校范围内建立第二课堂，让儿童在每一件不起眼的生活小事中自主探究和感受阅读的乐趣和精神。例如，广州市图书馆会定期开展一些为家长们讲解如何为儿童挑选图书，如何引导儿童有效阅读等问题的座谈会，帮助儿童和家长一同提升阅读技巧。此外，广州市图书馆还会悉心指导家长如何在家庭构建第二课堂。相较于前两种阅读推广模式，第二课堂更侧重于社会、家庭和学校的参与度和投入度，虽然该模式可以为儿童提供更多的人文关怀，但对图书馆、社会、家庭以及学校的要求也更高。

（二）体验教育模式

体验教育模式是一种旨在转换图书馆与儿童阅读角色的新型儿童阅读推广服务，在该模式下，儿童将通过体验实践来获取相应知识。科学研究表明，儿童在心理和认知水平的限制下，理解概括性、抽象性强的知识和事物较为困难，而理解直观性、具体性强的知识和事物则较为容易，因此，图书馆在开展活动的时候应充分考虑儿童这一发展特性，更多地开展参与式阅读推广活动。例如，在由大连市高新区图书馆开展的能让儿童体验图书馆管理员工作的"我是义务小馆员"阅读推广活动，儿童可以亲身实践图书的分类和摆放工作，在有趣的实践和体验中收获与图书相关的知识，激发儿童对图书阅读的兴趣，强化儿童对图书馆工作的了解。但这种阅读推广模式的不足之处也显而易见：一方面，该活动的开展对图书馆的场地要求较高，为避免儿童阅读推广活动影响其他读者的阅读体验，这类活动的开展应设置专门的场地。另一方面，该活动对图书馆相关人员的组织和管理能力要求也较高，为保证活动期间流程顺利、有序，图书馆员应提前制定详细的活动方案和突发情况应对方法。

（三）资源输出模式

公共图书馆儿童阅读推广服务的资源输出模式，即以资源为主要载体和主导，根据儿童的阅读习惯、认知能力等因素推荐与之相适应的书籍，在促进儿童养成良好阅读习惯的同时，激发儿童的阅读兴趣，以此来潜移默化地影响儿童的人生观和价值观。但倘若图书馆在推送时选用了不当的资源，便容易适得其反。在资源输出模式中，流动图书馆是促进儿童阅读最强有力的方式。目前，我国公立图书馆的人力资源有所不足，为幼儿提供的阅读服务常常不够充分，特别是在儿童阅读信息的收集、分析与反馈等方面，存在着一些问题，而移动图书馆在某种程度上可以缓解这个问题。移动图书馆可以在社区、学校等儿童密集的地方进行儿童阅读兴趣和阅读现状的调查，然后再利用调研资料进行有效的资源整合，从而实现有针对性的、有效的资源输出，使资源的效益输出最大化。

第二节　儿童及青少年多媒体阅读推广实践

一、重庆市少年儿童图书馆阅读推广活动

（一）数字阅读推广活动

1.举办读者培训和讲座

在社会和科技发展的推动下，电子书阅读器走入大众视野，也逐渐获得大众的青睐。电子阅读器是对传统阅读模式的一次较大突破，为培养儿童正确的数字阅读习惯，公共图书馆必须承担起向大众读者介绍如何正确使用电子阅读器的职责。重庆市少年儿童图书馆曾面向广大读者开展过"如何使用汉王电子书"的电子阅读器培训活动，活动中，图书馆员利用视频资料详细地讲解了电子书阅读器的"硬件结构""通用常识""特色服务"和"注意事项"，还当场演示了电子书阅读器的使用方式和技巧，让众多读者受益匪浅。随后，重庆市少年儿童图书馆还围绕"如何正确引导孩子数字阅读"开

展了相关系列讲座，图书馆员在讲座中声情并茂地向儿童展示了电子书阅读器的正确使用方法。此外，网络技术部门还利用幻灯片，从"概念""载体""资源""阅读方式"等几个角度，对数字阅读的发展趋势和方法进行了详细的阐述。在培训过程中，儿童读者对电子阅读器产生了极大的兴趣。大部分儿童都是在经过训练后，才开始意识到电子书和纸质书的阅读体验相似，甚至电子书比纸质书更轻，操作更简单，内容更丰富，这大大激发了儿童对电子图书的兴趣。

2.开展少儿数字阅读普及和推广研讨会

公共图书馆在策划和组织电子书阅读器推广活动时，必须充分考虑馆藏数字资源的现实状况。为了全面掌握重庆市图书馆数字化资源的整体状况，重庆市少年儿童图书馆多次召开少儿图书推广与普及工作座谈会，听取全市各区图书馆工作人员对少儿数字阅读宣传和推广工作的意见和建议，呼吁图书馆要高度重视电子书籍的引进、数字资源库的搭建、电子书借还系统的研发和完善工作，在条件允许的情况下，图书馆应多与学校联合开展数字阅读合作，以此来推动阅读服务的推广工作。

（二）阅读推广活动的思考和总结

1.电子书阅读可以进行试验推广

相较于纸质阅读，数字阅读更为环保、便捷，所以，未来社会的阅读发展趋势必然趋向于数字阅读。如今，市面上流通的电子书阅读器普遍存在不同程度的技术缺陷，能够整治和规范电子书阅读器市场的律法及政策也尚未出台，甚至有关电子书阅读器的理论研究还处于起步阶段，这些都对电子书阅读器的大范围推广产生了极大的阻碍。为此，图书馆工作者们可以根据图书馆所在地的实际情况开设小范围的电子书阅读器推广试点，在不断的实践和探究之中，总结出一套科学可行的推广方案和管理体系，凝练相关理论。

2.培养引进复合型人才，寻求广泛合作

电子书阅读器的普及和电子书籍的借阅，是一个涉及面很广的行业，需要具备图书馆专业知识、计算机技术、网络通信技术的图书馆员来进行引导，当然，出版商、法律界、教育界、心理学界的共同努力也必不可少。为此，图书馆要在进一步培养和引进复合型人才的同时，积极争取各领域的支持和协作，为这个项目增添无限的生机和动力。

3.普及信息技术，降低阅读门槛

在社会经济发展的限制下，相较于居住在村镇的儿童，城市里的儿童更容易接触到电子书阅读器，因此，数字阅读的推广中心主要设置在了重庆主城区。数字阅读推广活动在乡镇应更侧重于相关信息的普及工作，通过介绍、讲解、培训等方式，尽可能多地让村镇儿童了解更多的阅读信息，教导他们正确利用数字资源的方式，让更多儿童学会数字阅读、爱上数字阅读。

4.推广开展数字阅读活动

笔者期望通过对电子图书阅读器应用的探讨，为图书馆提供一种全新的服务方式，以此来提高儿童数字阅读的能力和综合素质。不管是哪一种类型的服务，阅读活动都是关键环节。为此，公共图书馆应增强电子图书资源的推广力度，激发儿童的数字阅读兴趣，养成良好的数字阅读习惯，从而促进儿童阅读水平的全面提高。

二、广州少年儿童图书馆阅读推广活动

（一）广州少年儿童图书馆科普阅读推广活动的开展情况

1.品牌推广活动

（1）"机器人展示"——聚集人气的科普活动项目

在图书馆内，最受广大青少年读者欢迎和喜爱的科普活动项目就是"机器人展示"。为此，广州少年儿童图书馆联合科技馆在双方馆内同时举办了机器人嘉年华展览。机器人方队、猜拳机器人、分拣机器人、魔方机器人等轮番上场，吸引了众多年轻读者的兴趣，提高了图书馆庆典的科技含量。E3机器人秀，平衡机器人、光感车等高科技的展出，让小朋友们充分体验到高科技的魅力，激发了他们爱科学、学科学、用科学的兴趣。

（2）"千师万苗工程"——蝴蝶培育科普系列活动

"千师万苗工程"是由广州少年儿童图书馆和广州市青少年科技中心达成的共建协议。该工程的志愿者团队由近千名来自不同高校、学会、科研院

所的专家和教授组成，旨在为青少年的各种创新科技活动提供有效的指导和帮助，让他们在探究和实践的过程中体验和发现科技的魅力，激发他们的科研热情，培养他们的科研精神，让他们更多地了解和掌握科学研究的正确方式，增强他们创新和科研的能力。例如，举办蝴蝶培育科普系列活动，邀请华东师范大学生命科学学院的教授和学生担任志愿者，向青少年读者讲解和介绍毛毛虫化蛹成蝶的过程和不同破茧阶段遇到的困难。通过志愿者的引导和讲解，青少年不但能了解在野外寻找蝴蝶幼虫的正确方式，同时也对昆虫类科普书籍产生了极大兴趣。

（3）"真人图书馆"——讲述万千世界神奇的生命现象

"真人图书馆"起源于丹麦哥本哈根，是一种新型阅读理念，读者通过"借阅"一个又一个活生生的人并与之交谈，以此来获得更多的阅历和知识。广州少年儿童图书馆基于这一阅读理念，开展了"人与动物专题"活动，该活动的主讲人是毕业于华南农业大学的朱华君，她是一位职业动物医师，也常被人称作人型"动物百科全书"。"人与动物专题"活动在 2016 年成功举办了三期，朱华君站在青少年的视角，详细生动地向他们讲解了大象、狮子和骆驼的行为习惯、居住环境、生理特征以及与人类的关系等，让青少年们受益匪浅。广州少年儿童图书馆的真人图书馆在贯彻落实"求真、探索、新知"宗旨的同时，也充分考虑到了青少年的偏好，设置了众多如动物简笔画、有奖竞猜等有趣的小活动，做到了图书阅读、科普视频、讲解示范的完美融合，丰富了科普活动的内容和形式。

（4）"科乐多实验室"——通过小实验解释物理和化学现象

为广大读者提供科学体验，激发读者对科学的热爱，广州少年儿童图书馆联合相关企业，开展"纸的秘密""冰激凌与火山""地表张力与重力"等不同主题系列活动，以最吸引人的科学实验来阐述基础简单的科学原理。通过游戏与互动，培养读者对物理学、化学的科学认知，增强读者探索科学的兴趣。

2.与合作方共建的科普推广活动

（1）华农生科院大学生志愿者参与科普活动推广

联合华南农业大学生科院学生围绕"叶子与叶脉书签"开展了系列主题

讲座，该讲座以手工制作的形式，引导青少年亲自体验制作叶脉书签的流程，即将叶片的表面和叶肉去掉，留下叶脉进行制作。制作时，可以加入碱性的氢氧化钠溶液，将叶肉和其他成分溶解，只留下网状叶脉，上色后便可完成叶脉书签的制作。通过这次科普活动，青少年在学习科学知识的同时，锻炼了动手能力，做出了自己独有的叶脉书签。

（2）广州稚然协会志愿者组织策划特色自然分享讲座

联合广州稚然协会围绕"人与自然"这一主题开展了系列分享讲座，讲座主讲员由广州市科技骨干教师谢辅宇担任，谢辅宇老师详细地向讲座参与者讲解了在南岭国家自然保护区可以观察到的各种动植物，而谢沈凌老师通过视频资料生动形象地向参与者们展现了南岭自然保护区的丰富物种和新奇鸟类。在两位老师的描绘下，在场的人们都真切地感受到了大自然的魅力，并对大自然相关的科普书籍产生了浓厚的兴趣，这场分享讲座真正做到了观察实践与理论知识的完美结合，对阅读推广有极重要的借鉴意义。

（3）广州市青少年科技中心提供科普展览的展品

与广州市青少年科学研究中心合作，举办了"发现—解密"的科学"魔术"体验展览。先后展出了"锥体上滚""新型液晶材料""旋转镜像""机械与小球"等内容，展出内容涉及光、电、力、磁等领域，受到青少年读者的热烈欢迎。展览形式灵活多样，每一个展柜都有单独的陈列，并附带有操作方法和科学原理的讲解，将科学的原理具象化地呈现出来，让年幼的读者们在父母或馆内工作人员的引导下，也能轻松参与并理解。科普短片是馆内的一种特色服务，同时也是对科普知识的全方位展示，为科学知识普及提供了有力的支持。

（二）科普活动对科普图书推广的效能

1.专题推广活动直接促进该主题的图书借阅行为

以广州少年儿童图书馆科普馆为例，在馆里组织了华农志愿者的"约会昆虫"活动、千师万苗之蝴蝶培育项目后，还特设了"虫虫欲动"专柜，以配合各种和昆虫相关的科普活动，共计推荐昆虫类书籍数百本。其中，《蝴蝶，如此耐心》一书最受欢迎，先后借出数十次，充分体现了科普活动对图书借阅的有效促进。

2.活动有效地宣传了图书馆的形象和提升社会影响力

通过媒体的积极宣传和报道，公共图书馆在科普教育中的影响力和形象日益提升，这使得更多人了解到了图书馆的社会教育职能，充分发掘了潜在读者。

公共图书馆是社会教育的一个重要功能部门，现如今，单一、机械的图书借阅，已不能适应社会发展的需要。开展阅读推广是图书馆将馆藏资源推向大众的一种有效途径。

3.科技实践类的活动激发了小读者的科学探究兴趣

活泼并对世界充满好奇是青少年的年龄特征，这个年龄段的孩子正是对实践科技类活动充满兴趣的时候，类似上文中描述的如"科乐多实验室"等高互动实践益智活动可以较快地吸引青少年的目光。公共图书馆可以充分利用这个特点，积极开展科技实践类活动，并在活动中大力推荐科学相关书籍。例如，通过多个简单有趣的科学实验来讲解数学、化学、物理、生物等学科知识的《玩出来的科学家：随手能做的 194 个实验》，这些实验与现实生活联系密切，读者在阅读书籍并按照书籍指导做实验的时候，既学到了有益的科学知识，领悟了大千世界的奥妙，又提升了自己的动手实验能力，培养了自己的科学探究精神。

4.自然观察类的活动培养了小读者探索自然的兴趣

比起科技类的活动，有部分读者对自然、环境保护、动植物学等方面活动更感兴趣，针对这部分读者，广州少年儿童图书馆联合广州市自然观察协会举办了自然观察类系列讲座。活动期间，广州少年儿童图书馆顺势推出了《蝴蝶故事》《野鱼记》《早安我的植物邻居》《自然野趣大观察》《我的第一本观鸟日记》等与青少年适配度极高的经典自然观察类书籍。这种科普讲座、沙龙与科普图书推荐相结合的活动在激发青少年对自然和观察研究热情的同时，也在一定程度上推动了大自然的研究、保护与观察工作。

（三）科普阅读推广存在的问题及反思

1.优秀的科普图书市场供应量相对不足

儿童文学可以丰富儿童的精神世界，而在引导青少年了解科学、探索世界方面，科普类读物有着无可替代的重要作用。如今，市面上流通的科普类读物有着种类少、质量良莠不齐的特点，因此，图书馆工作人员在挑选此类读物时要认真，推荐时要谨慎。随着关注青少年阅读的人越来越多，青少年阅读推广活动也暴露出了书籍推荐范畴不全面等问题。青少年多阅读科普类图书有利于对其动手能力、理解能力以及科学精神的培养。

2.科普图书的阅读推广人才不够专业

科普图书推广工作社会效益有限的一个重要原因是，公共图书馆的科普图书推广工作尚处于起步发展阶段，相关专业人才匮乏。现如今，相比起火热的儿童文学题材，科普题材少有人问津。公共图书馆在筛选人才开展科普图书推广时，应选取有一定科学基础和科普理论的工作人员，便于提升科普图书推广的效益。现在大多数公共图书馆开展的科普推广活动都是以讲授科学基础知识为主，将活动的重点放在结论而非过程上，对参与活动青少年的科学素养提升有限。

3.科普阅读推广的方式可参照文学作品的推广方式

当前科普图书的导入方式是"讲故事、讲方法"，使读者在阅读中对科学的研究产生浓厚的兴趣。现如今，公共图书馆才刚刚开始开展有针对性的科普阅读活动，还需要在实践中探索出一套符合图书馆实际情况的方法和途径。对于不同年龄、不同接受程度、不同性格的儿童读者，图书馆应采用不同的宣传方法。如果是面向儿童的。可以进行科普立体书的展示或科普动漫展览等，以培养儿童兴趣为重点；面向小学生可以开展科普小话剧、科普夏令营等；而面向中学生，则可以通过举办具有一定难度的科普演讲比赛、科普创作比赛等，使学生在科普活动中感受科学，了解科学，热爱科学。

综上所述，图书馆想要搞好科普阅读推广，就必须尽可能地鼓励和保护科普原创读物，培育科普市场。此外，图书馆在开展科普阅读推广时，可以参考文学阅读的推广方式，积极研究和探索适合自身的科普阅读推广原理和方式，例如，邀请知名专家、研究员等担任推广大使等，让科普阅读推广走出图书馆，走入千家万户，开启"图书馆科普之旅"。

三、江苏少儿数字图书馆阅读推广活动

数字阅读是一种可以将数字信息传播给阅读者的，能够分享知识、提升精神境界、让读者获取有用信息和娱乐方式的新型途径。数字图书馆的建设模式能够充分发挥其推广主体的功能，增强其宣传手段的针对性，有利于提高儿童读物的阅读兴趣，消除父母对儿童数字资源的怀疑，对促进儿童数字阅读的发展具有重要意义。

（一）省馆牵头，全省各馆参与

为提升图书馆服务的标准化、均等化水平，我国图书馆界正在逐步实施公共图书馆总分馆制度。江苏儿童数字图书馆就是在这种大环境下建立的一种区域服务尝试。省馆充分利用馆内的馆藏、技术和人才等资源，动员全省各大图书馆积极参与其中。在此基础上，省政府还与各级图书馆签订了共建协议、采购协议和服务协议，以实现全省的共建共享。这既是江苏省儿童读物工作的有效推进，也是江苏数字阅读工作发展的一个重要里程碑。尽管苏州的总分制在全国公共图书馆中处于领先地位，但是想建立一个全省性的儿童图书馆系统，仍然存在着不少理论和实践上的困难。江苏少儿数字图书馆的建设不仅可以满足国家有关全民阅读的规定和要求，还可以发挥图书馆阅读推广主体的作用，向少儿读者开展有针对性的数字资源推广活动。此外，江苏少儿数字图书馆在满足基层儿童读者对数字资源需要的同时，也能有效推动公共文化服务系统均等性的实现，促进数字阅读的传播，把江苏的辐射范围扩展到整个省份。

（二）以少儿数字资源建设为基础，有效推动数字阅读工作

有效推动数字阅读推广工作的基础条件是充分满足少儿读者阅读资源需求。为丰富少儿读者的数字阅读资源，公共图书馆应尽快完成馆内数字资源

库的搭建与完善工作。公共图书馆在搭建少儿数字资源服务平台时，除应重视资源库学科资源的丰富性、学科内容的合理性以及资源库系统操作的便捷性，还需注意以下几点：

①公共图书馆应根据本地少儿读者的年龄情况、资源需求以及图书馆实际情况来引进少儿数字资源。例如江苏省图书馆，江苏省是受应试教育风气影响较深的地区，儿童自小学四年级后便开始面临沉重的升学压力，为让孩子上更好的初高中，家长会将孩子的周末排满辅导班、特长班等。因此，经常周末去图书馆的少儿基本集中在 4—10 岁，公共图书馆在引进少儿数字资源时应各位注意，多引进适宜这一年龄段的数字资源。

②进一步有机整合现有少儿数字资源。如今，互联网上有不少优秀电影、国学动漫、科普常识、文化讲座等免费的适宜少儿的数字资源。公共图书馆若能有机整合这类免费的网络资源，就能在推动共享文化惠民工程的同时，防止反复购买等浪费问题的出现。

③进行少儿数字阅读推广的首要前提就是丰富馆藏数字资源，因此，对少儿读者进行有针对性的强化培训工作是非常有必要的。少儿学习和接受新事物的能力较强，公共图书馆应从如何使用数据库、使用电子书、利用数字图书馆、查阅电子期刊等方面入手，提升少儿读者的信息素养。

（三）以资源商配合图书馆开展线下活动的方式开展少儿数字阅读推广

线下儿童读书会形式多样、内容有趣，对推动儿童数字阅读的发展起到了很大的促进作用。在现有的公共图书馆采购模式下，当图书馆从资料供应商那里购得资料后，厂商就会开展与之配套的线下活动，例如南京图书馆的"连环画人物猜猜看"、苏州图书馆的"中少讲故事"等。这类活动由图书馆完成组织与策划，由数字资源供应商进行协助，儿童读者群和父母的积极参与，已初见成效。孩子们在活动中积极了解图书馆，运用图书馆，体验自己喜欢的儿童数字资源，极大地激发了孩子对少儿数字阅读的热情。例如，在南京图书馆开展的"3D 实体书"体验活动中，许多儿童都在图书馆查阅感兴趣电子图书、视频等数字资源。由此可见，儿童线上线下活动的组织和开展，对数字阅读的推广的影响极大。在平台的建设中，图书馆应与数字资源供应商签订一份协议，协商活动的规模和参与的人数上限，联合开展内容多样化、专业化、个性化的线下体验。此外，作为活动的组织单位，图书馆要培养能够开展儿童数字阅读推广活动的工作人员，为此，图书馆首先要采取开放招聘的方式，引入有幼儿教育背景和工作经历的人员。其次要积极与学校、幼儿园联合开展各类数字阅读活动，由图书馆提供数字化资源、人力和场所。最后应积极提供儿童线下活动工作人员培训机会，帮助图书管理员完成儿童心理学、活动策划和组织等方面的训练。上述措施既可以提升儿童数字阅读兴趣，也可以提高父母对儿童数字阅读的重视，还可以推动儿童数字阅读的发展。

（四）以移动 App、微信平台等数字化服务方式加强少儿数字阅读推广

在技术的发展和数字化时代的推动下，我国公共图书馆在移动端软件内插入并实现第三方网站既有功能的技术日益成熟。智能手机的普及在家长与图书馆间搭建了一座全新的互动桥梁，所以，江苏少儿数字图书馆加紧了为少儿家长提供服务的手机 App 的研制和开发，加强对数字阅读的宣传，增进儿童父母对数字阅读的认识和理解，赢得父母的信任和支持。另外，江苏省儿童数字图书馆通过微信的微活动、微留言等方式，让父母们更好地了解儿童数字资源的内容、使用方式、互动方式，开辟了新的阅读推广方式，具有较高的少儿数字阅读推广活动借鉴价值。

第三节 儿童及青少年阅读推广的未来发展

一、公共图书馆儿童阅读推广存在的问题

随着社会与图书馆对儿童阅读推广重视程度的增加，一些在阅读推广活动中存在的问题逐渐暴露了出来，主要有以下几点。

（一）省级图书馆在儿童阅读推广中存在的问题

全国各地的省级图书馆都是中国规模较大、藏量较大的图书馆，每年都会有由知名学者开展的数十次公开讲座。省级图书馆的藏书量、设备、规模都比地方性图书馆要好，但在开展少儿读物的宣传工作中，依然存在着以下问题。

①指示牌缺乏。省级图书馆大多占地较广，若缺乏明确的指示牌，年纪较小的孩子容易在馆内迷路，严重时可能还会导致走丢。

②讲座内容脱离少儿年龄理解能力范畴。

③少儿读物依然存在一定程度的匮乏。

④有部分省级图书馆没有划分独立的儿童阅读区，也没有安排管理儿童阅读区秩序和引导儿童正确阅读的专员。

（二）市区图书馆在儿童阅读推广中存在的问题

如今，我国市级城市均设有多个规模相似的区级图书馆，这些图书馆中也存在着较为相似的问题。例如，相较于省级图书馆，杭州市西湖区图书馆的规模要小得多。这个图书馆虽然整个只有四层楼，每层楼还只有省级图书馆的两个报告厅大小，但却在一楼开设了独立的儿童阅览室，儿童不管是进馆阅读还是参加活动都非常方便，甚至只听声音就可以辨别儿童阅览室的位置。杭州市西湖区图书馆的儿童阅览区域占据了整个一楼，因此该图书馆拥有较为丰富的少儿读物资源。此外，杭州市西湖区图书馆还贴心地为儿童准备了专属的少儿桌椅以及兼具阅读和娱乐功能的奇幻小屋。总的来说，杭州市西湖区图书馆的儿童阅读推广工作做得极为出色，但依然存在以下问题：

①一些地区的图书馆虽然有专门的儿童阅览区，也有很多的儿童读物，但是多数仅面向学龄前、小学的儿童，在该阅读区阅读的儿童也偏低龄化，以至于高年级的孩子们在找不到自己的读物时，常常会进入成人阅览室，读的书也会变得更加成熟。

②各地区图书馆的儿童阅览专区都没有专人管理，儿童的心理发育还不够成熟，很容易发生争吵，严重了甚至还会出现肢体冲突，一旦出现这样的

问题，不利于图书馆宁静气氛的维持。儿童之间的关系协调关系到儿童的安全和秩序，所以必须设立专门的人员来管理儿童的阅览专区。

（三）乡镇图书馆在儿童阅读推广中存在的问题

如今，乡镇图书馆的建设和发展已经被提上了议事日程。中国图书馆协会成立了"乡镇图书馆理事会"，旨在推动乡镇图书馆的建设和发展。本节以平湖市林埭镇为例，介绍一家位于浙江省的社区图书馆。该镇社区图书馆占地 200 余平方米，藏书超 5000 余册，地面铺设地砖，设有为图书管理员和读者提供卫生服务的公共卫生间，环境与镇社区图书馆要求相符，且规模比一般的镇社区图书馆要大一些。搬迁后的图书馆空间大幅缩减，用来阅读的阅览室也仅有 20 平方米，甚至需要与养老院共用卫生间，条件连最普通的社区图书馆都比不上。

①虽然在搬迁之前，孩子们出入该镇社区图书馆的次数相对较多，但是孩子们到图书馆的目的并非阅读，甚至周末的时候，镇上的图书馆就像是一个游乐场。此外，该镇社区图书馆并没有明确区分儿童和成人的阅读区，以至于孩子们的喧哗，对成年人的阅读造成了很大的影响。当然，图书馆管理员管理的失职，也是导致图书馆缺少秩序的重要原因。

②该镇社区图书馆，不管是在搬迁之前，还是在搬迁之后，都存在某些儿童书籍摆放不合理的问题。某些不符合儿童阅读年龄的小说和漫画，不应放置在其阅览室或附近。乡镇图书馆的工作人员对此类问题缺乏认识，致使一些年龄相对较大的学生过度沉溺于此类书籍而荒废了学习，这样不仅不利于引导学生走向正确的学习方向，也不利于孩子们养成良好的读书习惯。

③自从该镇社区图书馆搬迁到养老院后，来这里看书的孩子越来越少了，导致这一情况出现的主要原因在于，搬迁前图书馆地理位置优越，来往交通便利，而搬迁到养老院后，不仅位置偏僻，还不断有老人死亡的消息传出。孩子们年纪小，阅历浅，对死亡有着与生俱来的恐惧，因此一旦图书馆附近的一家养老院里有老人去世的消息传出，一般便不会再有孩子来这里看书了。除此之外，住在这里的人大多都是年事已高、无人照料的孤寡老人，可能患有不同程度的疾病。父母们出于对孩子的保护，会告诫孩子们不要到养老院，

以免感染疾病。因此，该镇社区图书馆搬迁后，大部分的读者都是老人，孩子们基本上不会再来看书了。

二、国内图书馆儿童阅读推广服务完善策略

（一）转变服务观念，突出儿童为本

公共图书馆在服务过程中也应突出以儿童为本的服务理念，从儿童读者的角度和阅读需求出发，选择适合儿童且儿童喜欢的图书，开展孩子们喜闻乐见的阅读推广宣传活动。当前，一些公共图书馆都普遍存在着"重形式、轻内容"的问题。特别是在培训和讲座中，我们可以看到，一些培训馆员的培训和讲座，时间跨度又长又没有给孩子们提供有益的看法意见和建议，纯属浪费时间。公共图书馆在开展儿童阅读宣传时，应注重宣传内容，以及宣传活动的趣味性、教育性，使儿童的主体性得到充分体现。公共图书馆在挑选活动内容时，可以将儿童按年龄、兴趣爱好等分为不同的群体，针对不同类型的儿童群体，推送出适合的科幻、漫画、经典书籍等阅读内容。在活动形式上，公共图书馆可以利用我国传统节日或地方民俗节庆等形式，提升儿童阅读的兴趣，使活动具有教育意义。

（二）整合服务模式，打造个性化阅读推广服务

我国公立图书馆具有多种少儿阅读推广服务模式，且各有其独特的优点和局限。在推进少儿阅读推广服务的过程中，我们除了可以参照一些国外的推广经验，并根据当地实际情况对其进行改造和利用外，还可以发展自己的新阅读推广模式。当前，随着物质条件的改善，民众在提升阅读心理需求的同时，教育子女的途径与目的也发生了改变。而传统的图书馆服务模式已无法适应这一多样化需要，对此，公共图书馆应通过创新手段，推出个性化的少儿阅读推广服务。首先，要收集和分析儿童的阅读需要；其次，要明确各层次服务对象的特征，选择适合的资源、人员或方式，推行个性化的少儿阅读推广服务。综上所述，要充分发挥图书馆的服务优势，促进图书馆转型，必须大胆突破传统的少儿阅读推广模式，并结合具体的国情，进行模式创新。

（三）延伸服务，拓展阅读推广服务受众面

我国公共图书馆在构建儿童阅读推广服务模式的过程中，可以发现家庭、学校、社会等均存在着不可忽略的问题。自打孩子们入学，尤其是刚进入学校的孩子，他们的课余时间越来越少，无法在图书馆进行长期的阅读和实践。因此，公共图书馆要把阅读推广工作延伸到家庭、学校和社会，例如：引导父母在家里搭建一个小的读书空间，让孩子们在课余时间看书。此外，还可以借助校园的环境和有利条件，对孩子们阅读的习惯和方式进行潜移默化的影响，有利于填补孩子们与图书馆之间关系的空当。其实，这样的服务，并不能降低图书馆的阅读推广工作难度，相反，它还需要为家庭、学校、社会提供全方位的引导和配合。

长期以来，我国公立图书馆对少儿阅读的宣传工作一直没有给予足够的关注，与全民阅读和特定人群的宣传服务模式相比较，目前我国的儿童阅读推广工作还处于较低水平。儿童阅读是一种需要儿童手、眼、脑共同参与的复杂活动，科学、系统的儿童阅读推广服务模式，有助于儿童智力的发展，阅读兴趣的培养以及良好阅读习惯的养成。由于公共图书馆的职能和社会的需要，图书馆必须加强对儿童阅读的宣传和服务。此外，图书馆本身的资源、人才、环境等优势，也使得图书馆能够打造更完善的儿童阅读推广服务模式。

从现有的几种常见儿童阅读推广模式的对比中可以看出，这些模式各有优点，也各有其局限。如何突破现有的模式限制，灵活地整合和应用各种模式，是今后图书馆领域亟待解决的一个难题。因此，公共图书馆应贯彻以儿童为中心的服务理念，建立个性化的儿童阅读推广服务体系，扩大儿童阅读推广受众范围，这是当前公共图书馆提高少儿阅读服务水平的有效途径。

第六章　残障群体的阅读推广

第一节　残障群体阅读推广

在我国，残疾指的是心理、生理、身体的结构中，某一个组织丧失了正常的功能，完全或部分丧失了正常的活动能力。残疾包括视力残疾、听力残疾、言语残疾、肢体残疾、智力残疾、精神残疾、多种残疾或其他残疾的人。

据中国残疾人联合会统计的数据显示，截至 2022 年，全国各类残疾人总数已达 8500 万。帮助残疾人参与、融入社会，是社会整体文明发展的必经之路。残疾人阅读是我国全民阅读重要组成部分之一，中国残联主席张海迪曾经说过："我深知残疾人对于阅读的渴望，阅读可以帮助我们开阔眼界、拓宽视野、获取知识，而知识可以改变命运。"因此，提高残疾人的阅读水平，是促进其自身发展的一种重要途径。

一、我国残障群体读者阅读推广概况

我国图书馆向残障群体的阅读推广工作可追溯至 20 世纪 30 年代，在中国现代图书馆和图书馆学形成初期，为残障群体服务的理念就已萌芽。杨昭悊 1923 年在《图书馆学》、1936 年在《中国图书馆漫谈》中就提出过设立盲人图书馆。李小缘在其《全国图书馆计划书》中就设想过盲人图书馆的服务网络，并在 1927 年的《图书馆学》中再次提出各图书馆皆须附设盲人部。其他学者的著述中也都曾提到为盲人等残障人群提供图书馆服务。但直到 21 世纪后，图书馆残障群体服务才从设想变为现实。

20 世纪 80 年代以前，图书馆还没有专门为残疾人提供服务所需的软硬件设施、设备等。1989 年的《方便残疾人使用的城市道路和建筑物设计规范》

规定，公共图书馆要进行无障碍建筑建设或对其原有建筑进行无障碍化改建。部分地区图书馆陆续开辟了残疾人专用服务场所，同时为盲人读者的服务也开始实行。接着，我国关于"图书馆残疾人服务"的研究也开始。1990 年 12 月 28 日颁布的《中华人民共和国残疾人保障法》规定："组织和扶持盲文读物、盲人有声读物及其他残疾人读物的编写和出版，根据盲人的实际需要，在公共图书馆设立盲文读物、盲人有声读物图书室。"残障群体的权益逐渐被重视。公共图书馆开始大规模地建设无障碍设施、建设盲文浏览室并开展盲文借阅、组织视障文化活动等服务，公共图书馆残障群体服务也有条不紊地开展。同时，图书馆界的学者也对无障碍服务展开了大量的理论研究和实践探索。

各地残疾人联合会大都重视残障群体的文化服务，并设置残疾人图书馆，但其服务对象以本地户籍的残疾人士为主，具有相对的狭隘性。另外，加之场地较小、馆藏数量有限、缺乏专业的服务馆员、以借阅为主其他阅读推广活动较少等原因，这类图书馆目前在残障群体阅读推广中发出的声音较小。

随着民间公益力量的不断发展，民间公益机构也将关注的目光投向残障群体，创建残障人士专用图书馆。北京红丹丹"心目图书馆"是北京市第一家民间盲人图书馆。该馆由"心目影院"创始人大伟老师发起，经过 3 年多的筹备于 2011 年建立，隶属于北京红丹丹文化教育交流中心。图书馆只有 15 平方米的阅览面积，以及 30 平方米左右的录制室。心目图书馆馆藏的有声图书中除了有鲁迅、巴金等知名作家的优秀作品，还有如《山楂树之恋》《哈利·波特》《杜拉拉升职记》等当时年轻人喜爱的畅销书籍。该图书馆内所有馆藏均可免费借阅，此外，馆内的 5 部阅读器中有 2 部可供残障人士轮流带回家中使用。在这样贴心的服务下，该图书馆深受残障人士的青睐，每天都有不少残障人士到图书馆来"读"书、借书。

公共图书馆是社会上的一个重要的社会福利组织，它的社会职责要求它必须为残疾人提供平等的文化服务。针对残疾人日益增长的精神文化需要，上到国家图书馆下到各省、市、区公共图书馆、社区图书馆，都在努力为残疾人开展多方面的阅读推广工作，例如，根据残疾人使用特点建设相应的建筑环境和配套设施，许多公共图书馆都已为残疾人开设了残疾人服务专区；

在经济保障方面，加大残疾人费用优惠力度，降低残疾人阅读成本；在辅助工具及操作环境方面，不断引入新技术，为盲人提供专用电脑、听力辅助器材等，以保障残疾人的无障碍使用；根据各类型残疾读者的特点，开展丰富多彩的文化阅读活动，提升残疾读者的文化生活水平。

据中国残疾人联合会、智研咨询整理的数据显示：截至 2021 年底，全国各级公共图书馆设立盲文及盲文有声读物阅览室 1315 个，较上年增加 57 个，同比增长 4.53%。成立于 2011 年 6 月的中国盲文图书馆设有盲人读物制作、典藏和借阅，盲人文化展览展示和教育培训等区域，为全国盲文和盲文服务组织提供到馆借阅、邮寄借阅、文献查询、教育培训、信息化产品等多种贴心、方便、优质的文化服务。自新馆开馆以来，充分发挥"五个中心一个窗口"作用，努力打造集图书馆、文化馆、博物馆、社会终身教育于一体的一站式综合性公益文化资讯服务机构，加快推进覆盖全国城乡盲人的公共文化服务体系建设，努力为全国盲人提供公益性、便利性、综合性文化资讯服务。

我国当前公共图书馆为残障群体服务的主体是视障读者，肢残读者大都在无障碍环境构建较好的情况下被当成了正常读者对待，对听障人士和智障读者的服务还处于理论探讨和初步尝试阶段，没有大规模地开展。让残疾读者主动走进图书馆、参与社会文化生活，不仅需要加强自身馆藏资源建设，丰富文化资源，更需要站在残疾读者的角度，考虑他们真正的文化需求，通过多姿多彩的文化活动和无障碍技术吸引他们，体现人文关怀，为他们带来文化愉悦和实实在在的利益。

二、视障读者的阅读推广

"视障"是视力障碍的简称，包括全盲和低视力。他们和正常人一样渴望文化知识，追求社会文明，但他们均等共享社会文化成果的愿望远远未得到满足。

（一）视障读者的基本特征

据统计，我国现有视障人士 1300 万。相当于每 90 个人中就有 1 人处于看不见的世界中，再加之视障群体的文化水平普遍偏低。其中，会盲文的人员更是少之又少。目前国内只有中国盲文出版社印制盲文点字读物，加上盲文文献出版种类少、数量低等因素，导致传统的盲文点字阅读率极低。会盲文的读者则保持着借阅盲文书刊的习惯。更多的视障读者喜欢去图书馆学习盲用电脑操作和参加阅读活动，表明视障读者学习欲望较强，希望与时俱进，扩大交际面。

在阅读习惯方面，由于会盲文的视障读者较少，多数视障读者更喜欢数字阅览，阅读方式主要有网络阅读、手机阅读及读书机阅读。阅读内容则最关注时政要闻、医疗保健和文学作品，这与他们的年龄和职业有直接的关系。这也说明网络、手机等新媒体的出现已经影响了一部分视障读者的阅读习惯，这对图书馆提供盲用电脑培训提出了更高的要求。

随着公共图书馆全民文化服务的深入开展，越来越多的公共图书馆设立视障阅览室（盲人阅览室）为视障读者开展服务。提供视障服务的图书馆大都注重构建无障碍环境，配备视障读者专用的设备和盲道、洗手间等。服务以提供接送、盲文点字文献借阅、送书上门、电脑培训和组织视障读者专题活动为主。

（二）丰富多彩的视障阅读推广活动

为使视障读者增长知识、开阔视野，多数图书馆根据视障读者的阅读特点开展了丰富多彩的视障阅读推广活动。主要包括以下三种类型：

1.以图书馆为阵地，打造视障文化活动品牌

视障服务做得较好的图书馆多注重打造视障文化活动品牌。如深圳图书馆多年来注重视障专题品牌建设，"世界读书日视障阅读专题""国际盲人节文化专题""视障家园"文化沙龙和"深圳视障公益影院"，已成为该馆视障服务的特色品牌。浙江图书馆开展的阅读活动有"让春天在阅读中绽放"摸读朗诵会、"我的阅读生活"演讲比赛、"游白堤 品诗歌"主题活动、"崇德向善 触动我心"主题阅读交流等。

读书会作为一种思想交流的文化沙龙也深受视障读者喜爱。如中国盲文图书馆的"陶然读书会"、浦东新区图书馆的盲人读书会、浙江图书馆的"心阅"读书会、苏州图书馆的盲人读书会等，风格多样，阅读主题广泛，受到

了视障读者的热烈追捧；上海图书馆的读书分享会等活动，都是深受视力障碍读者欢迎的读书活动；苏州图书馆定期组织有视力障碍的读者走进监狱，向服刑人员讲述他们自强不息的事迹，以此来感化、教育罪犯，达到良好的社会效果。

2.开展口述影像服务，关注精神文化生活

口述影像服务是图书馆面向视障读者开展的一项特色阅读推广活动。该服务通过在电影对白中穿插解说、将视障读者看不到的表情、颜色动作等在电影播放的同时一一描述，让视障读者可以一起感受电影文化的魅力。

在2019年国际盲人节期间，深圳图书馆联合深圳市残联，开展了首届"深圳视障慈善电影院"活动，招募了许多志愿者为盲人讲述影片。活动采用了"固定场地"以及"把影片送到有视觉障碍的人那里"等多种的方式，帮助视障人群通过电影感知世界。为使视力有缺陷的人可以在自己的时间内尽情欣赏影片，上海市残联、上海图书馆、上海影评协会于2009年共同组建了国内第一家无障碍电影工作室，工作室通过在原片的基础上添加了大量的配音、解说，将普通电影改编为"无障碍"影片。中国盲文图书馆在每次处理完讲影片的录音后，会将其放到图书馆的网页上，便于所有有视力障碍的人随时听到。此外，浙江图书馆、上海浦东图书馆、苏州图书馆等图书馆都开展了为视障读者讲电影的活动。

3.与时俱进，进行数字阅读推广工作

随着全媒体时代的到来，图书馆的视障阅读也进入数字时代。在视觉障碍患者中，数字阅读是视障阅读推广的重点工作。当前，视障人士数字阅读推广以电脑培训、建立视障专用网站及利用多媒体光碟等方式为主，辅助设备租赁业务正蓬勃兴起。利用计算机进行视障教育，可以帮助视觉障碍的人打开了一道与社交交流的窗口。中国盲文图书馆、陕西省图书馆等多家图书馆都开展了此类服务。视障专属网站也在积极建设中。2008年，国家图书馆与盲文出版社、中国残疾人联合会信息中心共同投资建成中国盲人数字图书馆，视障读者通过残疾证注册认证后，可以免费使用网站的资源。中国残疾人联合会联合国家图书馆共同建立了中国残疾人数字图书馆，使更多的残疾人不用出门就可以体验到国家图书馆的资源和服务。

作为视障服务后起之秀的中国盲文图书馆也建立了自己的专用网站——"盲人数字图书馆"，其资源更新速度较快、内容丰富，涵盖数字资源、DAISY专区、口述影像、新书速递等，是目前颇受视障读者喜爱的网站。此外，深圳图书馆、广州图书馆等都建立了自己的视障专属网站。上海图书馆阳光听书郎的外借服务方便视障读者在家听读电子书，开创了辅助设备外借的先河。免费刻录电子书和通过建立 QQ 群提供网络服务也在逐步实行。

第二节　阅读障碍及其群体的阅读推广

一、什么是阅读障碍

阅读障碍又叫读写困难、读写障碍，表现在识字书写、阅读和行为三个方面。患病者因精神系统出现异常而导致无法正常识别文字，部分拼读和解码能力也因此丧失。在阅读障碍初期，可观察到患者在音韵部分感知能力的不足，若患者经常出现达不到课堂学习效果的情况，则表明该病正在逐渐演变为阅读理解困难，在此阶段，患者会因阅读困难而减少阅读活动，严重阻碍了患者词汇等方面知识的积累。阅读障碍是一种极易被大众忽视的隐性残疾。

二、我国阅读障碍群体服务现状

近年来，阅读障碍群体已成为医学界、教育界、社会服务界、媒体等共同关注的服务领域，各个界别均开始关注读写障碍人群及研究相关矫治方法，已有不少学者开始从医学的视角来深入探讨与研究阅读障碍的成因及矫治方案。一些民间团体，例如北京乐朗乐读学习潜力发展中心、深圳卫宁读写障碍中心等，在阅读障碍的宣传、诊断、矫正等方面进行了有益的探索；广东佛山引进香港"语言诊室"，为社区和小学的读写困难儿童提供帮助。2013年 3 月，清华大学公共管理系副主任、全国政协委员王名向全国政协十二届一次会议递交了一项"关于全国加强关爱读写困难学生，切实落实教育公平"

的提案。他在建议书中提出了五项建议，例如：成立一个专门的机构，为读、写困难儿童提供学校的融合教育；建立读写困难学生救助康复培训基金；设立家长咨询热线，并委托相关专家提供电话咨询；把每年的 4 月 24 日定为"阅读与写作困难日"等。

图书馆界对阅读障碍群体的阅读推广理论上稍有涉及，实践上刚刚起步。2013 年，束漫教授主持了国家社科基金项目"公共图书馆为阅读障碍人群服务的理论、方法与对策研究"的研究工作，目前已形成系列成果；课题组对英国公共图书馆、美国公共图书馆、英国高校图书馆、加拿大高校图书馆、北欧图书馆（包括挪威、瑞典、芬兰、丹麦）和欧洲部分国家和地区包括日本、新加坡、中国香港地区和中国台湾地区的阅读障碍群体服务进行了探索和研究，让更多的图书馆界人士将目光聚集到了阅读障碍群体。同时，该课题组在广州图书馆少儿部、东京图书馆少儿分馆、安徽省岳西县图书馆进行了实践研究，开展了面向读者、家长及小学的宣传。2014 年 5 月，"图书馆读写障碍服务高级研修班"在广州图书馆举行。香港专家对图书馆员进行了阅读障碍服务培训。2015 年 3 月，首届阅读障碍服务联动研讨会在深圳举行，以期更好地总结读写障碍服务的多方联动经验，提高社会大众对读写障碍的认知度，促进相关政府部门和社会热心企业共同关注读写障碍人群，建立读写障碍服务多方联动机制。

目前，深圳图书馆已将阅读障碍读者纳入服务范围，开始积极探索有效的服务模式。深圳图书馆已与深圳"卫宁读写障碍研究中心"合作举行过多场关于读写障碍的讲座，在深圳图书馆少儿服务区定期向读者宣讲阅读障碍知识，反响良好。

三、阅读障碍在国际上得到重视

1997 年，国际图联会议在哥本哈根召开，国际图联图书馆为弱势群体服务组（LSDP）、丹麦拓展图书馆服务专业组和欧洲阅读困难学会举办了"获得资讯：为阅读障碍者服务"的讨论会，该讨论会为阅读障碍服务工作做了一定程度的补充。

1999 年，国际图联会议在泰国曼谷召开。欧洲阅读障碍协会与国际图联图书馆联合弱势群体服务组提交了《无论哪个国家——阅读障碍无处不在》《无论使用什么语音——阅读障碍无处不在》的报告，同时还提出了一系列的阅读障碍相关议题，如"阅读障碍无处不在，你的图书馆做了些什么？"极大地激发了研究学者关于读障碍及图书馆如何为阅读障碍者提供服务等问题的研究兴趣。

《图书馆为阅读障碍群体服务指南》是 2001 年在美国波士顿国际图联会议上提出的，该指南一经提出便被当作指导性文件进行多语言翻译传播。《残疾群体利用图书馆——检查清单》于 2005 年发布，这份专业报告中提到：图书馆应高度重视视听障碍人士专门服务机构的建立工作，重点关注患有阅读障碍的特殊群体。

现如今，欧美地区的阅读障碍研究已逐步发展为一门独立的学科，并成立了如美国全国学习障碍中心、欧洲阅读障碍协会、加拿大阅读障碍协会、国际阅读障碍协会等专业的研究机构。此外，在澳大利亚、新加坡、日本等国家，也有专门帮助阅读困难群体的组织。国际阅读障碍协会创办的《阅读障碍年报》填补了该领域专业期刊缺乏的空白，同时，国际阅读障碍协会也定期召开年度会议。

四、著名的国际图书馆成功案例

美国图书馆协会文化推广服务部门注重为阅读障碍读者提供服务：1931年，美国图书馆设立国家图书馆失明和视力残疾读者服务中心，专门为阅读困难人群提供服务。2009 年，美国发布了《图书馆为盲人和残疾人服务资源2009》的文件，明确规定了图书馆为不能正常阅读的人群，包括读写困难群体提供资源、辅助设备及社会援助。此外，美国还修改了合作权法，以法律的形式赋予图书馆可不经过著作权人的版权许可，就能够以一种适合残疾人阅读的方式对新出版的著作进行复制，阅读障碍读者就可以更方便快捷地获取所需的文献资料。

美国图书馆为阅读障碍读者提供个性化的服务。如纽约公共图书馆为学习障碍读者推出一项广播节目，该广播每天 24 小时、每周 7 天不间断地提供广播阅读服务。阅读障碍读者可听取由志愿者广播读取的报纸和杂志，包括

《华尔街日报》《纽约时报》等。阿拉斯加图书馆为阅读障碍读者提供一个"会说话的书"目录，每两个月发送到用户的邮箱。该目录以大字体文本的形式为阅读障碍读者提供图书馆新书的注解。该目录可由阅读障碍读者根据自己的阅读兴趣和时间进行个性化定制。

英国高校图书馆对阅读障碍群体提供了人性化服务，如牛津布鲁克斯大学图书馆允许阅读障碍学生一次借 15 本书，比普通学生多 3 本，并为阅读障碍学生提供免费复印卡、向阅读障碍学生提供专业的服务阅读设备如彩色视频放大镜和大字体图书馆指南等。伦敦政治经济学院图书馆可以为怀疑自己患有阅读障碍的学生指定一个联络人进行一次面试，若联络人认为该学生确实存在阅读障碍的迹象，则会安排专业的教育心理学家进行正式评估，评估结束后，图书馆会根据学生个人意愿与其签订一份特殊学生志愿协议，以利于学生申请残疾学生资助补贴。图书馆会为阅读障碍学生安排特殊考试及评估，包括增加 25％的额外时间和使用文字处理器或抄写员等。这些都彰显着英国高校图书馆对阅读障碍学生的个性化关怀。

为了给包括阅读障碍群体在内的社会弱势群体提供便捷的信息服务，日本研发构建了一个多媒体数字无障碍信息系统。此外，日本图书馆协会也设立了专门为残疾人员服务的委员会。该委员会的成员负责向图书馆工作人员提供有关如何帮助阅读困难的读者的资料，并开展讲座，让阅读障碍的群体能更容易地获取针对阅读障碍群体特点制作的图书。1996 年至 1997 年，瑞典发起了一场全国性的阅读障碍运动，其中，瑞典四所县级图书馆都上架了一本名为《毕竟，我们不傻——13 个阅读障碍者需要被倾听》的书籍。该书详细描述了阅读障碍群体对文化阅读的渴望以及图书馆满足阅读障碍群体阅读需求的方式。瑞典无障碍媒体机构主要利用 DAISY 图书为阅读障碍读者服务，该机构共制作出 6.3 万册 DAISY 图书，为阅读障碍读者服务提供了保障。丹麦图书馆协会和图书馆界的主要领导小组于 2002 年联合发起了"延伸服务至未能充分利用图书馆的人群"的国家战略活动；2003 年建立的"E17——获取信息的高速公路"，方便阅读障碍群体。2006 年丹麦图书馆协会出版了《图书馆阅读障碍症群体服务手册》，将图书馆阅读障碍群体服务推广到全国。

综上所述，我们不难发现，大家逐渐开始提高对阅读障碍群体图书馆服务方式研究的重视，而作为一个特殊群体的阅读障碍人群也逐渐受到了社会的普遍关注，在西方，为给阅读障碍等特殊人群读者提供服务已成为公共图书馆工作的一个重要内容。有阅读障碍没什么好害怕的，像爱迪生、达·芬奇、李光耀、爱因斯坦、乔布斯等其他名人都患有一定程度的阅读障碍，但是这并不妨碍他们在其他方面做出杰出的贡献。

第三节　残障群体阅读推广的未来发展

一、加强图书馆残障群体服务立法

提升残障读者阅读服务需要有完善的政策制度作为保障，需要从国家政策、行业规范及图书馆内部规章制度三个层面进行保证。

我国对残障群体的阅读推广目前多处于起步阶段，还没有专门的图书馆残障人士服务法。深圳、内蒙古、北京、湖北、四川和广州六地近年来相继出台了地方性图书馆法规，对残障人士的阅读推广都有了指导性规定。如《广州市公共图书馆条例》规定："公共图书馆应当为老年人、残疾人等特殊群体提供设施、设备、文献信息资源等方面的便利服务。中心馆、区域总馆应当设置盲人阅览室和残疾人专座。"湖北、江苏和广州等地出台了一系列全民阅读促进办法和条例。如 2015 年 3 月颁布的《湖北省全民阅读促进办法》提出："全民阅读公共服务场所应当为残疾人、老年人等特殊群体提供必要的阅读辅助设施、设备，适应其阅读需求。"2015年 1 月 1 日开始实施的《江苏省人民代表大会常务委员会关于促进全民阅读的决定》提到："公共阅读服务场所应当为老年人、残疾人阅读提供便利。公共图书馆应当为有视觉障碍的残疾人阅读提供必要的条件和设施。"2015 年《深圳经济特区全民阅读促进条例》（草案）提到："市级、区级公共图书馆必须开辟残障人士专用通道，设立阅读障碍人士阅览区，配备专门的阅读设备和资源。"

这些条例和办法对促进残障人士的阅读推广起了一定的保障作用，但不具有国家权威的约束力。所以希望从国家层面针对残障人士的法律法规尽早出台。日本和欧美等发达国家的阅读推广多是在法律政策保障和政府政策指导下进行的，做到了法律先行，更具有权威性。如：瑞典、日本、美国的《著作权法》为图书馆残障群体读者服务提供了法律保障；美国《图书馆残疾人服务政策》明确规定了美国残疾人法案在图书馆的适用范围及图书馆为残障人服务的资源、设施和辅助技术。

二、加强无障碍环境建设

无障碍环境建设是保证残障读者走进图书馆的先决条件。新建的图书馆无障碍环境大都比较先进。对于老旧的图书馆建筑要对其原建筑进行无障碍化改建，让残障读者可以畅通无阻地使用图书馆的相关设施及得到应有的服务。

首先，要具有完备的无障碍基础设施。例如：图书馆盲道要延伸到视障阅览室；要有轮椅坡道，需设置低位电话、低位服务台、低位电梯按钮和残疾人专用卫生间，并配备安全扶手和紧急呼叫器；位于二楼以上的图书馆要装配电梯；需要提供拐杖、轮椅、残疾人翻页设备、残疾人专用书车等辅助设备；采用口嚼式电脑鼠标和视觉输入法解决手臂残疾人士的电脑输入、输出等问题；要保证图书馆阅览室和开架书库的书架间距的宽度，以保证轮椅在其间自由活动，并在图书馆阅览室内专设轮椅阅览室等。

其次，要注重阅读辅具的配置。公共图书馆要在调查研究的基础上，为各类残障读者配备种类齐全的辅助用品用具，保障其阅读需求。例如：为视障读者配备带有读屏软件的电脑、读书机、点字显示器、助视器、盲文打印机等；为肢残读者配置轮椅、升降椅、残疾人翻页设备、翻转式荧光灯架、残疾人专用书车、专用电话等设施；为听障读者配置个人 PA 接收器（Power Amplifier Receiver，功放接收器）、阅读机、特别警报等装置；为有阅读障碍的读者，创造一个温馨的图书馆阅读环境。

三、组建专业的服务队伍

为残疾读者提供图书服务是一项细致而具体的工作。作为一名职业的图书馆员，需要对不同类型残疾读者的特征进行深入研究，正确地指导他们如何正确利用这些信息，从而实现图书馆的各项服务均能为残障读者使用的目的。

美国图书馆协会于 2001 年颁布的《残疾人服务政策》明确提出如下建议："所有图书馆学情报学研究生培养计划都应要求学生学习残疾人专用辅助技术，了解残疾用户及残疾员工的需求，以及影响图书馆服务开展的政策、法规等。"

目前国内公共图书馆为残疾读者服务大多没有专门的服务部门和服务人员，残障服务多归属于书刊借阅部或读者服务部，工作人员也由该部门人员兼任。工作人员都有足够的爱心、耐心和细心，但在专业技能的掌握上有待加强。图书馆要对残障服务馆员培训盲文、手语、盲用电脑操作、智障、阅读障碍等与残障读者密切相关的知识，使其尽快融入服务角色。如果条件允许，建议在图书馆内设定残疾人综合服务部，为各类残障读者提供专业服务。

四、促进专用文献资源建设

残障读者有自己独特的阅读习惯和特点，图书馆要根据他们的需求加强专用文献资源建设。目前图书馆针对残疾读者的专用文献资源主要是以提供盲文点字文献为主，辅以音频资料，其他类型的资源建设较少。

对于智力障碍读者，要注重书本和视听资料的使用；书本以插图书、适合大声朗诵的书、回忆录为主。音乐以轻音乐、冥想曲和有某类主题内容的音乐，如季节、花朵等为主。有条件的图书馆也可以在阅览室里播放比较舒缓的音乐，进行音乐辅助治疗。除了这些资源，图书馆还可适当提供一些电脑小游戏和可以帮助人回忆往事的小物件等。

另外，可自制残疾读者需要的文献资料，如：将印刷资料变为盲文资料、录音资料、墨字资料、大字资料和磁盘资料等；要为听障读者配备带字幕或手语的视频资料、文本电话和易读物等。为了帮助阅读障碍群体更好地阅读，图书馆应采用以"听"代"看"的阅读方法，即图书馆采用有声读物来为阅读障碍群体服务。同时要有意识地建立特有馆藏和利用现有馆藏，易读物、大字本、绘本、有声图书和杂志、带有易读字幕的视频等都是不错的选择。

五、开展个性化的阅读推广服务

（一）培养残障读者的阅读技能

图书馆可开展盲文、盲用计算机和手语培训，为文化不高的人扫盲，提高他们的文化素养。

（二）举办丰富多彩的阅读活动

举办如专题讲座、读书竞赛、有奖知识问答、讲电影、手语故事会、智力障碍残疾人讲故事等丰富多彩的活动。同时，要走出去，主动送阅读到残障读者比较集中的社区和学校，向听障读者集中的地方发放图书馆宣传册，宣传手册加上方便他们咨询的 QQ 号码和邮箱，鼓励和欢迎他们使用图书馆。

（三）编制个性化推荐书目

如：对视障读者编制图书馆点字图书目录和电子文献目录，向他们提供中医推拿方面的优秀图书；对听障读者可开展文字式导读，可以通过编印各种通讯、简报、板报等文字材料，进行图书知识教育、读书心得交流等；针对智障读者编制设计精美的宣传单和视频资料进行宣传。

（四）注重个性化服务

为了方便残障读者，图书馆可以增加残障读者的借阅册数、延长借阅时间；接送视障读者到图书馆附近的公交地铁站；要为残疾读者免费邮寄图书或者送书上门、提供复印或扫描资料和文献资料传递等服务；有条件的图书馆可为视障读者提供面对面朗诵服务；遵循智障读者的身心发展规律，通过多沟通、多表扬，增加他们的自信心；为听障读者准备好笔和纸，以便和他们交流；在图书馆的检索界面上增添汉字手写输入系统，方便听障读者无障碍检索馆藏。

（五）注重先进技术产品的引进和应用

DAISY 数字有声书、彩色视频放大镜、蓝色阅读障碍标示卡、屏幕扩大软件、语音合成器、音频描述性视频、文本电话等先进技术产品在国外非常流行，有条件的图书馆可加强这方面的辅助产品配置。

六、努力推进无障碍网站建设

2008 年，中国国家图书馆与中国残疾人联合会信息中心、中国盲文出版社联合创办了中国首个国家级的盲人电子图书馆。2011 年 4 月 23 日，由国家图书馆和中国残联信息中心联合发起的中国残疾人数字图书馆正式投入使用，该图书馆参考自盲人数字图书馆，并在此基础上利用为音频、视频文件增加字幕等方式，协助听觉障碍的人士自主享受网上阅读、远程教育等服务，标志着为各类残障人士服务的国家级数字图书馆建立。然而目前从该网站上只能检索到国家图书馆的资源，阅读障碍读者作为特殊的一种残障人士，目前不被当作残疾人。因此，国内图书馆还没有专门的服务网站。建议以盲人数字图书馆、中国残疾人数字图书馆为主导，整合国内其他为残障人士服务的网络，按照信息无障碍的标准进行网站设计，增添便于各类残障读者使用的资源，并有专业馆员答疑解惑，那么真正意义上的中国残障人士数字图书馆便产生了。

七、建立多方合作的联动机制

残障服务是一项社会服务，需要全社会各界的共同努力。借助公共图书馆这个文化服务平台，还需要和相关爱心机构联合起来，搭建全社会的残障服务平台。合作方包括政府、图书馆之间、残联、盲协、义工联、志愿者队伍、阅读障碍研究机构、学校、家庭等，建立亲密的联系，组成完善的结构关系网。

公共图书馆应利用好广播电视等宣传工具，与地方广播电视、报纸合作，对公共图书馆的公益性广告、残疾群体服务的信息做及时地宣传，使残疾群体可以便捷地通过传统媒体了解公共图书馆的最新的服务内容、服务措施，同时，要注重网络的宣传作用，可在图书馆的主页上设置"残障读者服务"专栏，介绍本馆可提供的服务、联系方式、服务设施及相关服务的图书馆链接等。作为新型的网络宣传工具，微信、微博具有便捷、快速和定期推送的优势。图书馆要重视利用微平台，精心组织和策划残障专题，向全社会宣传和推送。

第七章　阅读推广的民间力量

　　阅读的动力源自民间，以民间图书馆、民间读书会和其他民间公益阅读推广组织为引导的民间阅读力量日益强大，他们根植于民间，推广阅读风气，引领阅读风尚，是全民阅读的重要参与主体，也是走向阅读社会的重要推动力量。目前民间阅读力量遍地开花，做得风生水起，但由于篇幅和能力有限，本章无法将国内民间阅读力量进行详尽的分析研究，疏漏之处在所难免。公共图书馆作为政府推进全民阅读的专业机构，在文献资源、场地、设备、经费、人员等方面具有较大优势，民间阅读组织如何积极与公共图书馆合作同样值得期待。本章拟以一些较有代表性的民间阅读力量为例，探讨如何充分调动和发挥这些力量，提高其影响力和辐射力，从而在新的历史条件下与社会力量共同推进全民阅读推广工作。

第一节　民间图书馆概况

　　民间图书馆是和公共图书馆相对的一个概念，这一概念随着历史文化的进步处在不断地发展中，民国时期称其为私立图书馆，改革开放后，先后出现过自办图书室、自办书屋、读书社、民办图书馆、自营图书室、民营图书馆、民间图书馆等。目前学术界未给出统一的称谓，但通过最近几年的研究发现，"民间图书馆"这一称呼得到了相关研究专家的认可。本讲以"民间图书馆"来统称以上图书馆。按照王子丹教授的说法，民间图书馆是指非政府力量创办的公益性图书馆，主要包括 NGO（Non-Governmental Organization，非政府组织）、企业、个人等创建的图书馆。

民间图书馆具有非政府性、公益性、相对独立性和自愿性的特征。一般来说，民间图书馆不姓"公"，其身上几乎没有政府的影子，当然，后来由政府接管的除外。民间图书馆有别于重藏轻用的私人藏书楼，会以不同的形式向社会开放服务，承担着所在地的文化教育职能，体现了其公益性的特质。另外，民间图书馆是由非政府组织及个人自愿创办的，体现了创办者对社会文化传承的意愿和个人回报社会的责任感。

一、民间图书馆的发展历程

我国民间图书馆的历史可以追溯到清末。1900 年古越藏书楼开始筹建到1937 年抗日战争全面爆发这段时期为民间图书馆的萌发时期。"清末社会思潮变革，加上科举制度的废除和新文化运动等的影响，有志向的知识分子都加入了振兴中华的探索之路，民主思潮广泛传播、时代要求有公共场所为公众接受社会教育提供便利，加上当时较为宽松的出版政策。为民间图书馆的发展提供了良好的条件。其中，梁启超是较早推介西方文化教育，也是将西方"图书馆"一词介绍到中国的第一人。1904 年，由绍兴乡绅徐树兰捐资兴建的古越藏书楼对外开放，拉开了民间图书馆对外服务的序幕。其间，全国各地相继出现了许多民间图书馆，尤其是 20 世纪 20 年代中期到抗日战争前，全国进入了创办民间图书馆的小高峰。一些充满社会责任感的开明士绅、实业家和组织机构开始意识到，创办图书馆对提高公众素质、促进国家和社会发展具有重要作用。其典型代表：1904 年对外开放的绍兴古越藏书楼（1932年改组为绍兴县立图书馆）、1924 年由缅甸侨乡在云南腾冲创办的和顺阅书报社（1928 年更名为和顺图书馆）、1933 年云南省张木欣创办的以收藏经史古籍文献为主的木欣图书馆、1935 年河南省宋天才将军在嵩县城内创办的以万有文库藏书为主的首三图书馆、南通大生纱厂的创办人张謇1913 年建成的南通图书馆、江苏无锡县爱国实业家荣德生于 1916 年筹建的大公图书馆、1925年冯平山在广东新会建立的景堂图书馆、来华美国人韦棣华女士于 1910 年在武昌创办的文华公书林和梁启超 1923 年在北京创设的松坡图书馆等。

抗日战争全面爆发后，国内图书馆事业开始从繁荣走向衰落，民间图书馆的建设也受到很大影响。1937 年抗日战争全面爆发之前，全国能独立运营的民间图书馆总数超过 170 所。截至 1946 年底，全国民间图书馆总数为 61 所，其中专设民间图书馆 58 所，附设民间图书馆 3 所。1956 年，社会主义改造基本完成，整个社会进入公私合营的时代。此时，大部分的民间图书馆已经改造成公共图书馆，仅有极少数生命力特别顽强的民间图书馆还坚强地生存着，比如广东省的景堂图书馆、云南省的和顺图书馆。此外，在中国南方各省又自发新生了少量的公益性私人图书馆。

"文革"后出现了读书热潮，这种读书热也推动了社会的"爱书热"。退休人员、农民和教师成了这段时期创办民间图书馆的主力；这时期的民间图书馆的建设模式有了新发展，出现了具有官方背景的公益组织开始大规模援建的各类学校或社区图书馆。改革开放以来的中国，民间力量捐助图书馆的一个最大特点是走低端路线，即面向广大农村贫困地区和边远地区中小学捐赠图书。

二、民间图书馆存在的条件和发展空间

公共图书馆的缺位为民间图书馆的发展提供了空间，我国城乡发展不平衡，现代化的图书馆大都集中在城市，由政府直接管辖。在经济文化发展较为落后的乡村，基层图书馆尚付阙如，农民的文化诉求又急盼社会文化机构的出现，这为民间图书馆的发展提供了生长的土壤。

现行的文化政策为民间图书馆的发展提供了有力保障。

民间慈善力量和公益事业的新潮流是民间图书馆发展的主要推手。纵观民间图书馆的发展历史，主办者从开明乡绅、民族实业家、爱国的有识之士，到民间个人、知名企业家、再到各类公益基金会等，都彰显着慈善的光辉。他们热心公益事业，注重"授人以渔"的文化扶贫新思维，直接催生了民间图书馆的诞生。

三、现代民间图书馆的主体模式

如今，我国现有的民间图书馆种类繁多，按其性质可划分为：个人独资、股份制合资、基金会出资三类，而按照经费来源，则可划分为自发组织的民间图书馆、商业性质的民间图书馆、由慈善机构或政府出资兴建的

乡镇图书馆、政府与民间合作的社区图书馆四类。其中最具代表性的：王子舟提出的民间力量独立建馆办馆的模式、民间力量捐资建馆捐书助馆的模式、民间力量与公共图书馆的合作模式、民间力量援助图书馆的志愿者模式；张广钦提出的连锁经营型、基金会资助型、私人图书馆、读书社、政府搭台和民间唱戏的社区图书馆、企业建立的社会图书馆和民办学校图书馆7种形式；吴汉华提出的私人图书馆模式、草根组织建馆模式、基金会建馆模式、企业建馆模式。类似的研究还在继续中，当然，其中还存在许多交叉、重叠和疏漏之处。

（一）基层纯公益私人图书馆

基层纯公益图书馆大多是创办人根据自身条件结合当地实际创办起来的，具有植根当地、贴近基层、形式灵活等特点。按照图书馆所在的区域，此类图书馆又可分为乡村公益图书馆和城市公益图书馆两类。

乡村公益图书馆大多规模不大、形式简陋。多由创办者节衣缩食来维持免费向本地乡民开放。这些草根图书馆就像点点希望之火，在广袤的农村为村民点亮了文化之灯。据2009年王子舟和吴汉华对"文化火种寻找之旅"收录的211所公益性私人图书馆的调研：民间私人图书馆在农村所占比例为89％，其创办者主要集中在农民、退休人员和有职业者三类；民间私人图书馆创办者的平均年龄超过50岁，受教育程度普遍较高；82.6％的图书馆拥有独立空间，服务以借阅为主，设备简陋，电脑普及率很低；藏书最多的为8万册，最少的305册；经费缺乏、书刊短缺是困扰民间图书馆发展的重要因素。

氏族图书馆是基层纯公益图书馆中一种独特的类型，它发展历史悠久，具有旺盛的生命力。所谓"氏族图书馆"，就是以姓氏为标志、由本族乡亲出资兴办、修建和管理，为本族和本地区群众服务的图书馆。该类型图书馆在华侨较多的南方农村居多，典型代表是"中国第一侨乡"五邑地区的氏族图书馆。1925年由香港爱国同胞冯平山先生创设的景堂图书馆，由于藏书丰富、管理完善，至今已成为五邑地区远近闻名的国家级图书馆。在该地区还有周氏通俗图书馆、司徒氏通俗图书馆、关族图书馆等氏族图书馆。这些氏族图书馆多坐落在乡村，具备乡村图书馆的功能，是当地的文化信息中心，肩负着保存地方文化历史资料、传承传统文化和为本族及本镇其他居民服务的功能，是当地民众不可或缺的公共文化设施。氏族图书馆的兴起离不开当地的宗族文化，海内外宗亲的捐款是氏族图书馆日常工作运转的主要来源，本地离退休的老人是主要管理者。

"立人乡村图书馆"是由北京大学硕士毕业生李英强及其朋友于2007年9月发起的。其运作模式主要是在具有社会影响力的企业家和学者的发起和支持下，依托微博、豆瓣等网络新媒体，面向全社会公开发起捐赠，同时通过塑造和传播特有文化精神，吸引更多志愿者投入到图书馆建设和运营之中。每开一个新分馆，至少要派驻一位专职管理员长期工作，并持续开发各种"立人选修课"。立人图书馆各个分馆均为独立运作，不附属于学校等当地机构，但会长期与各个学校进行合作、配合。2017年12月底，第一座立人乡村图书馆在青石镇小学内试营业，起名"黄侃图书馆"。在各界热心人士和公益组织的大力支持下，立人图书馆先后在湖北、河南、四川、云南、河北、江西、山西、重庆、陕西、广东、浙江、北京等12个省市建立22个分馆，并举办读书会、电影会、冬令会、夏令营等多种文化教育活动。由于种种原因，2011年8月开始，陕西宁强分馆陶行知图书馆与云南巧家分馆孙世祥图书馆关闭，2012年又关闭了6个分馆，2013年又关闭了2个分馆。2014年9月18日，立人乡村图书馆通过了理事会决议，宣布解散。"民间图书馆如何持续有效地运营"这一重大议题提到了整个社会面前，引人深思。

最近几年，城市纯公益民间图书馆在城市社区中悄然出现，并蓬勃发展。它们多由城市文化精英如作家、学者或城市居民自发创办。2013年1月，海南省作家黄葵在海口把自己的居所改建后成立"黄葵图书馆"，藏书以文学、艺术、历史、地理和科普读物为主，每天8：30—23：30免费对外开放。2013年4月，作家王雁在深圳龙华创办"湖畔图书馆"，馆藏约3万册，按照读者群体特征，分为爸爸书架、妈妈书架、孩子书架、文艺书架、作家书架、幸福书架、同学书架七大类，供有需要的读者预约借阅、免费使用。另外还有"北京UU"创办的"大象图书馆"（2009年）、南京的一名叫"拾柒"的女孩创办的"猫耳图书馆"（2012年）、辽宁沈阳"海归"姜博和潘赫创办的沈阳市首个私人图书馆"奉天城外"（2012年）、复旦大学历史系学生陈天翔和室友在寝室里开办的"同人堂图书馆"（2010 年）等。这些纯公益的城市民间图书馆创办者将自己收藏的图书向邻里社区免费开放，增添了新的城市公共文化空间，增进了城市居民的相互了解和合作，有助于构建城市的活力与包容力。

（二）公益组织创建的民间图书馆

随着阅读推广受到世界范围内的普遍关注与重视，以推广儿童早期阅读、改善乡村阅读条件、填补公共图书馆阅读盲区、提升整体阅读素养为主要目标的公益阅读推广组织在全国范围内迅速发展，创建了大批民间图书馆。

"蒲公英乡村图书馆"是爱心传递慈善基金会于 2008 年暑假正式开展的爱心传递项目，由美国爱心传递慈善基金会执行主席杜可名发起，提倡用专业的精神和乡村老师孩子们一起创建最好的"乡村图书馆"。图书馆注重文献资源、阅览环境和后续建设。2013 年 3 月，上海蒲公英儿童发展中心（浦东新区塘桥）成立。至此，"蒲公英"作为一个独立机构在中国正式落地。乡村图书馆项目也将正式更名为蒲公英儿童图书馆，除了涵盖之前的乡村图书馆内容外，进一步为城市社区儿童提供高质量的阅读和教育服务，实行免费借阅。对乡村学校中的儿童阅读推广积累和培训了一批教师中坚力量，对于改善乡村儿童阅读生态，提高乡村学校教学质量，培训教师阅读引导的能力，起到了十分积极的作用。部分学校已经完全接受、并实践了先进的教育思想和方式，成绩斐然。

此外，1995 年的中国滋根乡村教育与发展促进会依托海内外兄弟组织美国滋根基金会在国内建立了 228 所学校图书馆（截至 2008 年年底）；致力于帮助中国乡村建立现代化图书馆的树青教育基金会，在青海、甘肃、云南、山西、江苏、陕西、贵州等地区帮扶建立了 40 所民间图书馆，其中 18 所为中心图书馆，这些图书馆带动了周围的二十几所卫星图书室、社区图书室和乡村图书站；北京天下溪教育咨询中心的"乡村社区图书馆援建计划"对象主要是农村的贫困地区，还在地震灾区如四川绵阳、什邡等地建立 52 所图书室；另外还有一公斤捐书网、陈一心家族基金会、心平公益基金会、美国中华文化协会健华社等积极参与民间图书馆建设，为民间图书馆注入了新的活力。

随着网络信息技术的发展和城市物流系统的完善，一种与互联网紧密结合的图书馆诞生了。我们称之为"互联网+图书馆"，其典型代表是青番茄图书馆。

青番茄全称深圳市青番茄文化传媒有限公司，于2010年8月正式成立。它以互联网为平台，以线下人文空间为据点，以"免费借阅服务""送货上门"的全新服务理念开启创意阅读方式，其"用商业的模式做公益的事情"的全新运营机制引起全社会的关注。

青番茄图书馆陆续与咖啡馆、企业、汽车4S店、酒店等合作推出"咖啡图书馆""企业图书馆""汽车图书馆""城市便民图书馆"等实体图书服务店，将图书馆由线上推到了线下。2013年，青番茄推出共享式全民借阅符号"In Library"。同步联动合作各式线下商业空间为统一的In Library图书馆空间节点。未来还计划跟酒店、银行、企业等更多城市空间展开全面合作，让In Library图书馆分布在人们生活轨迹的更多空间。例如，试点建立汽车图书馆，与高铁贵宾厅合作建立高铁图书馆。青番茄紧跟时代步伐，推出全球首款纸质书免费借阅应用"青番茄app"。读者通过它可随时定位身边的图书馆、扫一扫借还书和查看正在举办的各类活动。青番茄图书馆线上和线下阅读推广活动丰富，漂书码头、果实计划、主题书香、书式旅游等创意文化活动，吸引全国各地读者参加。

另外，浙江宁波的"老约翰绘本馆"也属于"互联网+图书馆"的代表。老约翰绘本馆是一家O2O电商模式的绘本阅读服务机构，通过线上、线下结合的服务模式，为会员提供高效、优质的服务，目前已在全国多个城市开通200多家加盟站点，只要注册成为所属站点会员，点点鼠标即可享受"绘本网上借阅，免费配送上门"的服务，为更多的家庭提供方便快捷的绘本借阅支持；同时还提供亲子阅读专业指导及其他增值服务，"互联网+图书馆"的面世，让人有了耳目一新的感觉，同时其租阅图书的较高费用和公共图书馆的完全免费阅形成了鲜明的对比，它们如何健康成长也值得关注。

（三）连锁型民间社区图书馆

民间社区图书馆指的是完全由企业或个人多方共同建立的开放性阅读与公益文化平台，主要受众为城市社区中喜爱阅读、热爱生活的人群。

荒岛图书馆就是典型一例。荒岛图书馆是由《城市画报》总监刘琼雄先生基于一种公益概念于 2009 年 4 月在广州市小洲村成立的。其目的是在忙碌的都市里自建"有价值闲置图书"的共享平台，开辟一个犹如汪洋中的荒岛那般可以安静、便利看书的地方。荒岛图书馆的馆藏包括人文、社科、旅游、自然、公益、传媒等方面的图书，以及杂志、私人印刷品等。其运行规则：只要捐赠或寄存 20 本或以上图书的人，就可以从荒岛图书馆里借走 5 本书。每个人都可以成为荒岛图书馆的主人。2012 年后又与咖啡馆、青年旅社、书店、画社等商业机构合作，建立了多家图书馆。后来，房地产开发商与荒岛图书馆合作，又建立了社区"乐岛图书馆"，促进了社区文化交流。

荒岛图书馆通过"真人图书馆""好书换咖啡""农艺市集活动"等具有创意的文化活动吸引了当地社区民众的积极参与，提高了图书馆的利用率，使公益图书馆的功能得到延伸。荒岛图书馆由志愿者进行管理，在宣传上采取"线上+线下"相结合的方式，发挥图书馆社区服务的最大功能。荒岛图书馆的资金和书籍来源主要依靠社会捐助、开办者补贴、物品寄卖及公益活动的收入，资金和书籍来源都有不稳定性。

第二节　民间阅读组织的特点

民间阅读组织的蓬勃发展，是近年来社会阅读现象中最引人注目的一个文化现象。民间读书会是民间阅读组织最主要的表现形态。读书会或称"学习圈"，即一群人就某一共同认可的主题经常聚集在一起进行共同的、有目的的研究学习。其实质是一群阅读意愿高涨的人自发形成的阅读组织，由全体会员共同选出领袖，共同决定阅读的书目以及讨论的时间、地点和方式，相互交流、共享阅读乐趣、一同进步，以此来达到提升阅读风气、建设书香社会的目的。这是一个完全自主的、自由的、非正式的学习组织，会员们可以阅读相同的图书，分享经验和见解，从而获得新的知识，启发新的思维，拓展生活的空间。

一、民间阅读组织的发展概况

春秋时期是目前已知的我国民间读书组织出现的最早时期，孔子和他的门生们常常聚在一起探讨、研究，可以说是中国古代民间读书会的萌芽。中国古代的文化传统，使古代的读书团体形成了以文会友、文人雅聚、相互学习、取长补短的优良传统。这样的集会方式在跨越数个朝代后，仍然经久不衰。参加集会的，大多都是才华横溢、不求仕途的读书人。鸦片战争之后，国家存亡危机以及西学的渗透下，人们的民族意识逐渐觉醒，一批具有全球视野、公民意识、公众意识的中国新知识分子群体，积极活跃在公共领域的研究与批评之中。其中由梁启超、康有为等人创立的"强学会"就是一个典型的例子。该学会的目的在于"群中外之图书器艺，群南北之通人志士，讲习其间，而因推行于直省焉"，为此他们广泛募捐，创立了一种名为"强学会书藏"的新型书库。在五四运动和新文化运动期间，许多民间读书会都具有很强的政治性。在中华人民共和国建立后，读书会已成为社团组织学习活动的一个重要形式，这种读书会不再是单纯的自发或民间组织，个人的阅读兴趣与意愿也不再是其组建的主要动力，读书会更多的是一种群体和组织集体学习方法和形式。

直至20世纪80年代，中国台湾才有了具有现代意义的民间读书会，这种新兴的读书会更侧重于个人发展，对会员的学历要求不高，以平等、合作、友谊为交流原则，在自由和自主决策的基础上完成读书会运作。最有代表性的如"袋鼠妈妈读书会""扬帆主妇社"等，都是以女性自身发展为目的，由民间自发组织的读书会。自那以后，中国台湾的民间读书会随之兴起，据统计，中国台湾地区目前有超15000家读书会。

在国内，上海曾启动"万家读书会发展计划"，并计划推出国内首本《图书会创办指南》。近年来，由于全国人民读书活动的不断深入，欧美、新加坡、中国台湾等地的读书会迅猛发展，北京、上海、深圳、广州等城市开始出现一大批具有现代意义的民间阅读组织。例如，深圳三叶草故事家族、北京蒲蒲兰绘本馆等以推动少儿阅读为主要目的的亲子读书会；上海少年思学读书会、深圳小津概念书屋等，以鼓励年轻人自我发展、学习交流、结交朋友为目的的读书会。另外，媒体、文化名人、作家等也纷纷发起成立文化精英读书会，大家互相交流阅读、分享人生，在拉近彼此之间关系的同时，也成为温暖人心的力量，有利于一座城市文化品位的提升。

尽管目前的读书会在数量和质量上都有些差强人意，但是值得高兴的是，有些书社凭借着形式多样的主题活动、轻松愉快的气氛，不断向外散发着自己积极的精神能量。另外，在互联网的时代背景下，网上阅读逐渐成为主流的阅读方式。像晋江文学城、长佩文学城等，都会开设读者互动的平台，定期开展线上线下活动，像道里书院等网上读书会，开创的一种以 QQ 群为载体进行网上交流的新方式，突破了时间与空间上的局限，是新时代读书会发展的结果。2014 年 4 月，北京举办了第一次民间读书会交流活动。全国 50 多个读书会的代表在会议上提出了《2014 北京共同阅读倡议书》，倡议以阅读改变生活，促进社会发展，营造理性、开放、底蕴深厚的文化氛围，促进民间读书会的互动与交流。当时，北京市政协委员、中央编译出版社总编辑刘明清先生直言："民间读书会的春天来了。"

二、现代民间阅读组织的主要类型

（一）儿童阅读推广类

随着时代与社会的发展，民众对儿童阅读推广的关注度越来越高，根据亲近母语研究院徐冬梅对自 2008 年至今大陆民间阅读团体的调查可知，目前仍有超过 200 家公益机构在坚持开展儿童阅读推广活动，比较活跃的有 60—80 家。深圳的三叶草故事家族、深圳彩虹花公益小书房、北京蒲蒲兰绘本馆、北京皮卡书屋、宁波老约翰绘本馆、苏州蝴蝶妈妈读书会等是国内较为知名的儿童阅读推广组织。他们从儿童的阅读特点出发，精心策划阅读活动，引导儿童健康快乐地度过书香童年。

（二）青年阅读推广类

根据最近的一项调查显示，上海已经建立了上百家青少年读书会。这些以读书为主要活动主题的社团，正掀起一股新的青年人文化潮流。上海共青团上海市委在 2014 上海书展上，通过筛选、评比出了"上海十大特色青年读书会"，如公益书虫读书会、季风普通读者读书会、敏读会、复旦中文博士读书会、思学青年读书会等，这些读书会的日常活动包括经典导读和圆桌对话，但各有各的特点。读书会的阅读范围覆盖大部分中国古代典籍和外国译本等，范围极其广泛，参加读书会的年轻人包括在校大学生、白领以及长期居住在上海的外国人。与传统的读书会不同，现在的青年读书会主要是通过论坛、微博、微信等社交平台来完成活动宣传和会员沟通。

深圳的小津概念书房是由四个热爱电影的青年联合创立的，其名称取自日本著名导演小津安二郎，且"津"有渡口或桥的意思，与深圳地理位置相呼应。尽管他们都有各自的工作，但是他们还是愿意把空闲的时间花在经营书店和举办各种艺术交流活动上。该书房创立的初衷，就是为了在深圳这个生活节奏较快的都市，为热爱电影、热爱图书的文艺工作者，创造一个慢生活、慢阅读的避风港，一个可以自由分享和沟通的平台。

（三）女性阅读类

如今，许多女性都更喜欢在一个舒适、宁静的地方读书、会友。雨枫书店成立于 2007 年，是全国首个会员女性书店，以关注和服务女性阅读为宗旨，提倡女性成为"书女"。雨枫书店会员群体的年龄大部分集中在 22—45 岁，读者职业类型包括白领、公务员、媒体人以及部分家庭主妇，这种类型的读者更注重亲密关系以及精神上的发展。雨枫书店根据读者的需要，每周会开展两到三次的"书女学堂"或"书女沙龙"，"书女沙龙"的开放性更强，突出女性生活、女性作家、女性议题与精神成长。与妇女生活、化妆有关的内容，则会被列入"书女学堂"活动中。雨枫书店实行的借阅制度，可以帮助他们根据借阅数据，判断出哪些书是畅销的，其中有高知名度的书籍或将成为下一期沙龙主题。沙龙主题包含范围广泛，可以是实用的育儿书籍或职场守则，也可以是一本畅销书文艺小说。素黑、张德芬、村上春树、严歌苓、身心灵、旅行等都曾经是热门话题。

阅生活读书会是漓江阅美文化传媒公司和"女人 i 旅行"共同发起的。"搭建读书交流平台、推进读书分享活动、营造良好读书氛围"是该读书会的活动目的，文学艺术、精神修养、时尚、旅游、生活、各种古典是该读书会的活动主题范畴。这个读书会的主要会员是女性，但也不会拒绝那些为了读书而入会的男性成员。

（四）专业学术类

2010 年 4 月，以社科领域为讨论主题的搜狐读书会正式建立。他们挑选了一些社会上评价比较好的社科作品，邀请作者或者有独到见解的人前来讲解与分享，其余的时间，由会员自由交流与讨论。从《抗争性政治》到《中国当代阶层分析》，再到《中国为什么改革》，每本书都充满了值得探讨的话题。通过读书会这一交流平台，会员可以有效地向社会各界人士传达自己对社会的认识与意见。

Open Academy 是一种为文化素质水平较高的群体创设的创新社会团体，成为终身学习的先锋模范是该团体创设的目的。Open Academy 以合作为主要学习方式，结合如 Coursera、edX 等在线教育资源，为专业人士提供高质量的顶尖大学课程，并在这个过程中，形成高附加值、高认同感的朋友圈。Open Academy 旨在促进高效、前沿、创新性学习和求知形式的传播，从而提升社会的人力资源水平。此外，Open Academy 制定了特别严格的注册程序，以此来让会员获得最佳的学习效果。

（五）社区阅读类

民间读书会作为一种读书形态、其中不少组织的雏形就源于知识分子聚集的白领社区、志趣相投的网络小组等。它通过相近的阅读兴趣、目标、地域等因素聚集而成立。成立于 2009 年 10 月的后院读书会是一个自发的、民间的、同仁性质的阅读兴趣小组。后院名字来源一家餐厅，最初，后院读书会的活动几乎都安排在那家餐厅的后院里进行。现在，后院则被赋予了另外的含义，后院意味着闲暇、自由、多元、开放、低调、个人和边缘。参与后院读书会的人群主要是一些记者、编辑、设计师、广告人、律师、医生、公司白领、教师、投资人等。至今，来过后院的人已达数万，有数百位资深会员经常参加活动。2012 年，后院读书会得到深圳市南山区粤海街道办的大力支持，2013 年 6 月 16 日，由粤海街道办提供的活动场地，后院读书会会所正式挂牌成立，并获得了资金的扶持。《国家记忆》策划人、主编章东磐，李鸿章的研究者、著名收藏家刘申宁，台湾著名导演魏德圣（作品有《海角七号》《赛德克·巴莱》）和著名经济学家秋风、高全喜、高曙光等都曾受邀来后院读书会做过专题演讲。

"阅读邻居"是北京社区读书的代表，由三位居住在同一社区的爱心人士共同发起，将书籍、影片等形式作为活动载体，进行面对面的交流沟通，共同分享各自的阅读经验。这个由书店、媒体、研究学者三方合力组织成立的阅读邻居读书会，充分展现了青年知识分子的力量与爱心。"阅读邻居"的负责人经常会在自己的微博上更新和汇总每次读书会的活动情况，并公布下一期的活动书单和主题。"阅读邻居"形式新奇、内容深刻、影响力度大、范围广，是北京市著名的社会公益读书会。

第三节　民间阅读力量的未来发展

虽然国内的民间阅读目前遍地开花，但不得不承认，大多数的民间阅读推广组织仍处在初期发展中，普遍存在组织松散、资金匮乏、场地受限、专业人员缺乏等问题。另外，国内针对民间阅读的法律政策的缺位、必要的行业规范与建设标准的缺失也摆在了现实面前。民间阅读的健康发展，离不开有关部门的关注、支持和指导。

一、民间阅读面临的困境和问题

（一）相关的法律政策缺位

虽然当前国家和不少地方性法规及政策明确鼓励民间力量参与社会文化

服务，共建书香社会，但多较笼统不够细化，易造成具体操作中的底气不足。目前我国仍未制定一部系统的图书馆法，方法上的滞后导致图书馆法律地位不明确，其建设规划、经费、人力资源得不到法律上的保障，严重制约了民间图书馆的发展。

（二）经费不足，持续性发展不容乐观

财政问题是目前我国民间阅读机构所面对的最普遍的问题。很多民间的阅读推广机构在经历了最初的火爆之后，往往会被迫关闭，乡村个人创办的民间图书馆这方面表现得最为突出。民间图书馆往往面临来自图书采购、人员费用、日常运营等费用压力。民间读书会的经费多少取决于活动类型，其中活动宣传、茶水、道具消耗之类的费用占经费的大头，虽有社会捐赠，但若无政府财政保障，要维持阅读机构正常运作，还是面临着不小的挑战。

（三）专业人员不足，管理缺乏规范

专职人员的严重不足和专业化的阅读推广人才缺乏是制约民间公益阅读推广组织发展的重要因素。对于公益阅读推广机构来说，无论是筹款、策划、执行还是后期的运作维护，都需要有专门的人员。与单纯从事图书馆工作的人相比，社会公益阅读机构对工作人员的需求比较全面，他们不仅要懂得管理、经营，还要具备一定阅读推广、团队建设与管理、阅读研究的能力。但民间的读书团体则更注重志愿意识，缺乏专业人士。如民间图书馆多为投资者个人、亲友或志愿者负责管理和维护，缺乏专业的图书馆管理知识，这样一定程度上制约了其持续发展。

（四）社会认知度较低，品牌影响力不够

尽管某些民间阅读机构在一定区域内已经具有较高的影响力或知名度，但对于一般人来说，鲜少有人知道民间阅读推广机构的存在。现如今，我国对民间阅读机构的研究还处于初级阶段。公共图书馆与民间阅读推广机构之间的关系还不够密切，缺乏对其专业知识的深刻理解，同时合作的广度与深度也还需进一步提高。我国的民间阅读推广机构还处于自我成长阶段，缺少与之相适应的宣传体系。以民间图书馆为例，从 2008 年至今，已有将近 200 个民间阅读推广机构参加了儿童阅读推广活动，整体规模相当可观，但是，由于没有合理的组织与规划，推广机构之间缺少联系和协作，容易产生浪费和重复建设等问题，从而导致品牌效应的降低。

二、民间阅读力量的未来发展

（一）探索建立民间阅读组织的孵化与培育机制

首先，要缓解维持民间阅读机构正常运行的资金压力，国家应给予民间阅读机构适当的资金支持，并对其进行扶持。此外，一个全面、科学、具有操作性的体系、法制的构建对于促进民间文化的健康发展也具有重要意义。

我国民间阅读机构虽然发展得很快，但仍处在萌芽状态，缺少相应的行业规范和建设标准。为快速完善民间阅读机构的规范与标准，我们可以借鉴一些发展得较为完善地区的经验，或在借鉴国外经验的基础上，通过政府的支持，构建民间阅读机构的孵化和培养机制，使其与政府的文化资源达成良性互动。

深圳市阅读联合会是深圳市联合市范围内所有阅读机构开展的一次全民阅读活动，该活动覆盖了媒体、出版、公共图书馆、网络阅读、学校、民间阅读机构以及阅读推广研究专家和学者等领域，是我国最早的阅读合作组织。为推动深圳书香城市的建设，深州市开展了阅读政策、阅读研究、阅读推广人员培训及深圳市推广阅读示范单位、示范项目、杰出推广人的评选活动。新加坡国家图书馆局特别设立了旨在帮助新加坡民间读书会发展的"新加坡读书会发展协会"，该协会通过开展读书会培训活动，培育读书会种子与领袖，来搭建新加坡读书会间互动与沟通的桥梁，强化读书会间的合作与联络。

（二）找准自己的定位，创设阅读品牌

民间阅读机构想要维持健康发展，就要先明确自身在社会中的定位和职责，民间阅读机构应在政府的领导以及公共图书馆的辅助下，积极打造以"特色""精品"为主的阅读推广品牌。比如，要有自己的特色馆藏，为特殊的地方读者提供特色服务等。对于民间读书会来说，与当地的读书文化环境相结合，发挥自己的专长，才能更好地打造属于自己的特色推广品牌。此外，民间阅读机构还应注意培养发掘阅读推广中盲点的能力，谨慎看待跟风现象。例如，若发现有不少机构在做儿童阅读并已取得不错的社会效益就跟着做的话，最后极有可能造成人力与资源的双重浪费。

（三）发挥公共图书馆的引导作用

我国公共图书馆应该以其基本职责和社会任务为基础，充分其利用资源优势，为民间阅读机构提供战略规划、文献资源、活动场地、宣传渠道以及专业人才等方面的支持。例如：公共图书馆可以积极联合民间阅读机构一同开展全民阅读活动，以此来为民间阅读机构搭建活动平台、提供活动机会，拉近民间阅读机构与政府公益阅读推广活动项目的关系，从而提升民间阅读机构的自我发展水平；提供活动场所和宣传平台，鼓励社群的居民和团体积极建立民间阅读机构；推进区域内民间阅读机构协会的建立与发展；利用图书馆的资源优势，建立民间阅读机构发展资源库，推动民间阅读机构的相关研究，为民间阅读机构的发展和运营提供服务和借鉴；邀请相关专家学者定期为民间阅读机构领袖举办专题讲座，提升其专业水平。另外，公共图书馆也可以设立激励机制，以推动民间阅读机构的持续健康发展。

（四）广泛联动社会资源

除了积极联络政府、公共图书馆等官方阅读推广机构，以寻求更深入广泛的合作之外，也要重视与其他社会机构达成友好的合作互助关系，实现阅读机构的稳定健康发展。社会公益基金种类繁多，民间阅读机构要积极争取其对民间阅读事业的资助；出版社、书店、教育机构是与读者关系最为紧密的机构，民间阅读机构应该积极寻求他们的资源协助，获得教育机构的认同；此外，如何推动媒体、志愿者以及民间阅读机构间的更好沟通与协作，是一个值得深入研究的问题。

参考文献

[1]丁冬，张长秀．图书馆阅读推广概念的多维度辨析与研究[J]．图书馆，2019（01）：58-64．

[2]胡艳玲．图书馆阅读推广活动的实践与思考[J]．科技创新导报，2020（18）：342-244．

[3]李东来．图书馆数字阅读推广[M]．北京：朝华出版社，2015．

[4]李西宁，张岩．图书馆经典阅读推广[M]．北京：朝华出版社，2015．

[5]李楠．全民阅读时代的图书馆阅读推广策略[J]．传媒论坛，2020，3（16）：116-118．

[6]苑秀娟．我国图书馆阅读推广服务标准建设与研究[J]．河南图书馆学刊，2021，41（09）：125-127．

[7]陈幼华．阅读推广基础理论研究进展和展望[J]．图书情报研究，2018（04）：14-19+40．

[8]李俊国，汪茜．图书馆儿童阅读推广[M]．北京：朝华出版社，2015．

[9]吴晞．图书馆阅读推广基础理论[M]．北京：朝华出版社，2015．

[10]赵俊玲，郭腊梅，杨绍志．阅读推广：理念方法案例[M]．北京：国家图书馆出版社，2013．

[11]孙媛媛，于静．图书馆联合开展阅读推广活动的可行性研究[J]．图书馆学刊，2016，38(03)：82-85．

[12]李武，王丹，黄丹俞，王政．图书馆阅读推广研究十年进展(2005-2015)[J]．图书馆论坛，2016，36（12）：54-65．

[13]黄佳．图书馆阅读推广模式研究[J]．办公室业务，2017（12）：51-52．

[14]王颖，刘娟．图书馆阅读推广策略研究[J]．情报资料工作，2019（3）：91-94．

[15]李世娟，李东来. 图书馆绘本阅读推广[M]. 北京：朝华出版社，2017.

[16]李东来. 对图书馆阅读推广的思考[J]. 图书馆论坛，2018（09）：114-118.

[17]高银，苏阳. 针对特殊人群的图书馆阅读推广活动[J]. 课程教育研究，2019（20）：78-79.

[18]郑丽兵. 试述全民阅视角下公共图书馆阅读推广使命担当[J]. 兰台内外，2020（03）：78-80.

[19]刘获，陈长英，刘勤. 现代图书馆资源管理与推广[M]. 北京：光明日报出版社，2017.

[20]王家莲，于丽娟，张岩松. 新时代阅读推广研究[M]. 大连：东北财经大学出版社，2018.